ココミル
cocomiru

軽井沢

木洩れ日の下でティータイム

CRESSON RIVERSIDE STORY 旧軽井沢(☞P32)

緑の中にカフェやアートが点在
洗練された高原リゾート

下左から：natural Cafeina(☞P83)／軽井沢・プリンスショッピングプラザ(☞P40)／トラットリア モンテ・クッチーナ(☞P78)

人気の星野エリアへ

ハルニレテラス(☞P58)中軽井沢

我蘭憧(☞P60)

ハルニレテラスでのんびり&
新・旧軽井沢でのサイクリング

ベーカリー&レストラン
沢村(☞P59)

ギャラリー樹環(☞P60)

星野温泉 トンボの湯(☞P68)

下左から：丸山珈琲(☞P59)／ミカド珈琲(☞P42)／万平通り(☞P21)

緑に囲まれカラフルなアートを

セゾン現代美術館(☞P65)中軽井沢

セゾン現代美術館の庭園とミュージアムグッズ(☞P65)

中軽井沢の森に立つ美術館
湖畔でのさんぽは南軽井沢へ

カシェットの
サラダガレット
(☞P81)

軽井沢高原教会(☞P64)

軽井沢タリアセン(☞P46)

RK GARDENの
ヴィーガン料理(☞P118)

東御のヴィラデスト ガーデンファーム
アンド ワイナリー(☞P122)

ひと足延ばして信濃追分や北軽井沢へ
小諸はワイナリーが点在しています

信濃追分の
古書追分コロニー(☞P117)

少し車を走らせて清らかな場所へ

白糸の滝(☞P110)

軽井沢へ旅する前に知っておきたいこと

首都圏からほど近い高原リゾート軽井沢。
現地でしたいこと、できることを事前にチェックして、
週末、気軽におでかけしませんか。

軽井沢ってどんなところ?

自然、歴史、美食を楽しめる人気の高原リゾートです

軽井沢は標高約1000mに位置する高原地帯。真夏でも涼しく、明治時代に外国人宣教師の避暑地として発展した。現在では首都圏からほど近い高原リゾートとして知られ、豊かな自然のなかにモダンなレストランやカフェ、ショッピングスポットが充実している。

日本聖公会 軽井沢ショー記念礼拝堂 (☞P23)。「軽井沢の父」ことA.C.ショー司祭が建立した

おすすめシーズンはいつ?

新緑と紅葉はイチオシ ハイシーズンには混雑を覚悟で

軽井沢の自然が美しいのはゴールデンウィーク後の新緑と、10月の紅葉のシーズン。軽井沢・プリンスショッピングプラザ (☞P40) のセールをお目当てにするのもアリ。ただしゴールデンウィークと7・8月は特に混む。それ以外の時期でも、休日には町内の道路が渋滞することもある。

水面に映る新緑や紅葉が美しい雲場池(☞P20)

どうやっていく？

早さを優先するなら新幹線
観光スポットを回るなら車

新幹線を利用すれば、東京から軽井沢まで約1時間10分。行きは東京駅発6時台から、帰りは軽井沢駅発22時台まであるので、まる1日遊べる。2人以上なら車が割安で、現地でも効率よく回れるが、混雑期には碓氷軽井沢ICや軽井沢バイパスなど各所で渋滞するので注意（☞P126・130）。

軽井沢へは、北陸新幹線を利用

観光にどのくらいかかる？

主要観光スポットを巡るなら
日帰りでも十分楽しめます

東京駅発8時台の新幹線に乗れば、現地滞在は最長13時間。徒歩圏内の新・旧軽井沢や駅前のショッピングプラザなど、みどころをひと通りまわれるはず。自転車や車を使えば、南・中軽井沢もプランに入れられる。北軽井沢（☞P110）や信濃追分（☞P114）まで足を延ばすなら1泊したい。

みやげ物店が立ち並ぶ旧軽井沢銀座通り（☞P26）

軽井沢＋もう1日観光するなら？

近郊の小諸や横川、
北軽井沢へドライブ

軽井沢の西側にある小諸（☞P120）は、宿場町や城下町として栄えた歴史をもつ町。東御とあわせてワイン用ブドウの産地としても名高く、味覚狩りを体験できる観光農園やワイナリーが点在（☞P122）。軽井沢から車で約30分の横川（☞P124）は、明治時代の鉄道跡や建物が残るスポットだ。

小諸・マンズワイン小諸ワイナリー（☞P123）のブドウ畑

初めての軽井沢で外せないのは?

旧軽井沢をのんびり散策 アウトレットでショッピングも

レンタサイクルで気軽に行ける旧軽井沢では、老舗や人気ベーカリーなどが軒を連ねている旧軽井沢銀座通り (☞P26) は外せない。中軽井沢には自然に囲まれたハルニレテラス (☞P58) があり、ショップもグルメも充実。駅の南側に広がる軽井沢・プリンスショッピングプラザ (☞P40) も人気だ。

老舗カフェ・茜屋珈琲店 旧道店 (☞P35) など人気カフェが多い

旧軽井沢銀座通りは多くの人で賑わう

約240店舗が並ぶ軽井沢・プリンスショッピングプラザ

三角屋根の軽井沢高原教会。隣には牧師館が立つ

軽井沢らしい体験をするなら?

木立の中を散歩&サイクリング 歴史ある教会めぐりもぜひ

軽井沢の自然を満喫するなら、木々が連なる並木道を散歩 (☞P22) したり、定番スポットをサイクリング (☞P20) でまわるのがおすすめ。また、日本聖公会 軽井沢ショー記念礼拝堂 (☞P23) や軽井沢高原教会 (☞P64) など、森にたたずむ教会で日常の喧騒を離れて静かに過ごすのもよい。

ぜひ味わいたいのは？

朝どれの高原野菜やフルーツ、名シェフが腕をふるうフレンチ

軽井沢を代表する食材といえば地元産のみずみずしい高原野菜（☞P88）。朝収穫したばかりの野菜やフルーツが手に入るため、旬の味覚を堪能できるレストランが点在する。また、新鮮な食材に惹かれて軽井沢に店を構える一流シェフも多く、洗練されたフレンチ（☞P72）に出合えるのも魅力。

シェ 草間（☞P74）のランチコースの一例

旬の素材にこだわる沢屋 旧軽井沢店（☞P96）のジャム

フランスベーカリー（☞P94）で人気のフランスパンと塩クロワッサン

おみやげは何がいい？

老舗ベーカリーのパン、ジャムや乳製品など高原グルメを

外国人避暑客とともに発展を遂げてきた軽井沢は、いち早く西洋文化を取り入れた街。創業時と変わらぬレシピを守り続ける老舗ベーカリー（☞P94）のパンや、ジャム専門店（☞P96）のジャムはおみやげにぴったり。近郊の牧場で生産された乳製品（☞P97）もお忘れなく。

ちょっとくつろぎたくなったら？

緑に囲まれたこだわりカフェやハルニレテラスでひと休み

個性的な一軒家カフェが点在する軽井沢。木立に囲まれたこだわりのカフェ（☞P52）で、自家製スイーツを味わいながらすてきな時間を。また、洗練されたショップが集まるハルニレテラス（☞P58）で、雑貨店めぐりの合間にカフェやレストランに立ち寄ったり、川辺のベンチでのんびり過ごそう。

ジョン・レノン一家も立ち寄ったカフェ離山房（☞P52）

1日目

出発ー!

9:30 軽井沢駅

新幹線で軽井沢駅に到着したら、まずは構内の観光案内所で情報収集（☞P17）

四季折々の景色が楽しめる雲場池（☞P20）へ。池の周りの遊歩道を散策

閑静な別荘が立ち並ぶ御水端通りを歩いて、雲場池の水源となる御膳水（☞P20）へ

11:00 旧軽井沢 銀座通り

ミカドコーヒー軽井沢旧道店（☞P28）のモカソフト®を片手に旧軽井沢銀座通りを歩く

ショップや飲食店が集まるチャーチストリート軽井沢（☞P27）ものぞいちゃおう

ボリューム満点！

旧軽井沢銀座通りにある、Paomu Karuizawa Bistro（☞P80）でランチ

「軽井沢の父」と親しまれるA.C.ショー司祭が建立した日本聖公会 軽井沢ショー記念礼拝堂（☞P23）を見学

14:30 水車の道

A.レーモンド設計の軽井沢聖パウロカトリック教会（☞P22）へ。聖フランシスコの像にも注目

15:00 旧軽ロータリー

ちょっと休憩

ログハウス風のカフェ、ぱいつぼおる（☞P33）で自慢のコーヒーと自家製ケーキを味わう

旧軽井沢銀座通りに戻って、老舗ジャム店、沢屋 旧軽井沢店（☞P96）でおみやげ購入

18:00

オシャレなそば処、川上庵本店 軽井沢 川上庵（☞P85）で風味豊かなそばと地酒を

20:00 お宿

おやすみ…

美食が自慢の旧軽井沢KIKYO キュリオ・コレクションbyヒルトン（☞P103）に宿泊

1泊2日 とっておきの軽井沢の旅

王道観光スポットだけなら1日でも楽しめるけど、
カフェの朝食、サイクリング、教会めぐりも魅力的。
軽井沢ならではの高原の休日を満喫しましょう。

2日目

おはよう！

8:00 軽井沢本通り

サイクリング！

ちょっと早起きして東雲交差点にあるnatural Cafeina（☞P83）でヘルシーな朝食

駅前のレンタサイクルショップ（☞P17）で自転車を借りてサイクリング。中軽井沢方面へ！

9:30 中軽井沢

田崎美術館（☞P64）では、海外で高い評価を得ているアーティストの作品を鑑賞できる

続いて三角屋根の軽井沢高原教会（☞P64）へ。日曜なら礼拝にも参加してみたい

ハルニレの木立に囲まれた湯川沿いのハルニレテラス（☞P58）でショップめぐり♪

おいしい！

ハルニレテラスのイル・ソーニョ（☞P59）で野菜たっぷりのイタリアンをいただきます

13:30 南軽井沢

坂を下って軽井沢タリアセン（☞P46）へ。ヨーロッパの避暑地のような風景に感動！

雑木林に囲まれた隠れ家カフェ、離山房（☞P52）で休憩。ジョン・レノンも通っていた

広いなー！

軽井沢・プリンスショッピングプラザ（☞P40）でお待ちかねの買い物タイム♪

ファッションアイテムや雑貨をお得に購入できる。気になる店舗をチェックしよう

広大な敷地に約240店舗が集結！ ファッションのほか、軽井沢や信州みやげも豊富

18:30 軽井沢駅

到着ー！

軽井沢駅にある、おぎのや 軽井沢駅売店（☞P17）で峠の釜めしを買って車内で食べよ！

軽井沢を満喫したら…

3日目はひと足延ばしてみませんか？

小諸へ行きたい人は

小諸城址 懐古園周辺や、北国街道沿いに宿場町の雰囲気が残る。また、ワイン用のブドウの産地で、ワイナリーが点在するエリアでもある（☞P120）。

北軽井沢へドライブはいかが

北軽井沢は人気のドライブエリア。鬼押出し園など、自然を満喫できるレジャースポットやカフェに行ってみよう（☞P110）。

ココミル
cocomiru

軽井沢

Contents

●表紙写真
軽井沢の高原野菜（P88）、ハルニレテラスにあるCERCLE wine & deli Karuizawa（P61）の季節野菜のピクルス、軽井沢タリアセン（P46）、バターサンドラボ軽井沢（P92）のパルフェバターサンド、CRESSON RIVERSIDE STORY 旧軽井沢（P32）のアフタヌーンティー、natural Cafeina（P83）のアサイーボウル、ピッキオのニホンリス（P66）、ハルニレテラスで行われる軽井沢アンブレラスカイ（P59）、鬼押ハイウェー（P111）、野菜がおいしいレストランのベジカレーランチセット（P88）

〈マーク〉
- 観光みどころ・寺社
- プレイスポット
- レストラン・食事処
- 居酒屋・BAR
- カフェ・喫茶
- みやげ店・ショップ
- 宿泊施設
- ペット同伴OK／NG
- 温泉・立ち寄り湯

〈DATAマーク〉
- ☎ 電話番号
- 住 住所
- ¥ 料金
- 開館・営業時間
- 休 休み
- 交 交通
- P 駐車場
- 室 室数
- MAP 地図位置

軽井沢ってこんなところ

**エリアごとに魅力いっぱいの軽井沢。
プランを立てて効率的にまわりましょう。**

観光のみどころは4つのエリア

JR軽井沢駅から徒歩圏内の新・旧軽井沢は旧軽井沢銀座通りを中心にグルメやみやげ物店が充実。南軽井沢ではアウトレットモールやムーゼの森など自然のなかのアートスポットが楽しめる。人気のハルニレテラスは中軽井沢にあり、温泉も点在するエリア。信濃追分は歴史的な中山道の宿場町にとどまらず、レベルの高いグルメも楽しめる。

観光の前に情報集め

JR軽井沢駅内と旧軽井沢銀座の軽井沢観光会館、中軽井沢駅に隣接するくつかけテラス内に観光案内所がある。みどころの案内や宿泊施設の紹介などをしてくれる。

問合せ 軽井沢観光案内所(軽井沢駅内)☎0267-42-2491
軽井沢観光案内所(くつかけテラス内)☎0267-45-6050

3 中軽井沢《なかかるいざわ》

・・・P56

ハルニレテラスでショッピング、軽井沢野鳥の森散策、神秘的な教会めぐり、立ち寄り温泉など、大人が楽しめるスポットも多い。

4 信濃追分《しなのおいわけ》

・・・P114

旧中山道を中心に宿場町の歴史を紹介する郷土館や文学館、レトロなショップなどが点在。軽井沢中心部とはひと味違う趣ある雰囲気。

新・旧軽井沢《しん・きゅうかるいざわ》 1

・・・P18

軽井沢の玄関口。軽井沢本通りを中心にレストランや雑貨店などが立ち並ぶ。旧軽井沢銀座通り周辺には、歴史ある教会やホテルなどが点在。

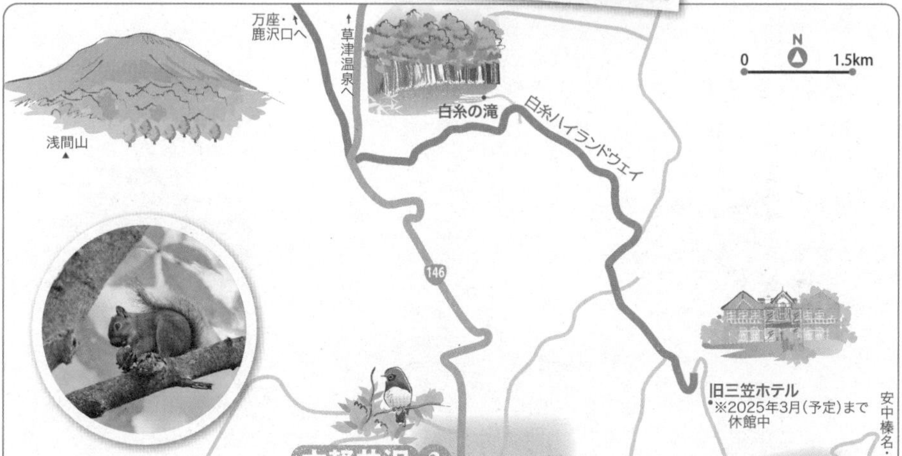

南軽井沢《みなみかるいざわ》 2

・・・P38

軽井沢タリアセンをはじめ、アートスポットが点在、洗練されたレストランやカフェが多いのも特徴。駅前には大型アウトレットモールがある。

旅の拠点はココ！
軽井沢駅周辺はこうなっています

交通の起点となるのは、北陸新幹線としなの鉄道が発着する軽井沢駅。
駅内や周辺のみどころをチェックして時間を有効活用しましょう。

軽井沢本通り《かるいざわほんどおり》

駅北口前から旧軽ロータリーまで続く、軽井沢のメインストリート。歩道は広く、自転車道も設置されている。

軽井沢駅《かるいざわえき》 北口《きたぐち》

軽井沢の表玄関。駅前ロータリーには、町内各方面行きのバスが発着するほか、タクシー乗り場もある。

軽井沢駅《かるいざわえき》 南口《みなみぐち》

駅前にタクシー乗り場があるほか、星野リゾートのシャトルバスも発着。駅舎内の南北自由通路で北口へ。

バス乗り場情報

●北口

1番：西武観光バス
（中軽井沢・鬼押出し園・万座・草津温泉方面）
軽井沢町内循環バス
（東・南廻り線）

2番：草軽交通バス
（北軽井沢・草津温泉・小瀬・白糸の滝・旧軽井沢方面）
旧軽井沢シャトルバス

3番：高速バス
（池袋・新宿・渋谷・立川・横浜・京都・大阪方面）

4番：西武観光バス
（塩沢湖線）

5番：JRバス関東（横川駅行）

●南口

旧軽井沢シャトルバス（2023年4月現在運休中）、星野リゾートシャトルバスなど

懐かしくて新しい しなの鉄道の 軽井沢駅 旧駅舎口

軽井沢駅～妙高高原駅間を結ぶ「しなの鉄道」。途中、中軽井沢・信濃追分・小諸などの駅があり、浅間山を車窓から眺めつつ移動できる。軽井沢駅の駅舎は、明治時代の駅舎を復元した（旧）軽井沢駅舎記念館を平成29年（2017）に改装したもの。

☎0267-42-6257 MAP P137D3

旅のお役立ち情報をゲット

軽井沢観光案内所《かるいざわかんこうあんないじょ》（軽井沢駅内）《（かるいざわえきない）》

駅北口の出入口付近にある観光案内所。各種パンフレットのほか、町内の地図、美術館の割引券、イベント情報なども揃える。

☎0267-42-2491 🕘9時～17時30分（季節により変動あり）休無休 Pなし MAP P137D3

▲わからないことがあったら気軽に相談を

軽井沢観光の強い味方 レンタサイクルショップ情報

自転車で行ける距離に観光名所が多くある軽井沢。
駅周辺にお店が点在しているので活用しよう。

サイクルメイトQ 駅前店《さいくるめいときゅー えきまえてん》

☎0267-42-8985 ¥1時間550円～ 🕘9～17時（時期により変動あり）休雨天・悪天候時 MAP P137D3

マ 電 二 子 幼 P

※ペットはカゴ付の自転車にのせられる

サイクルメイトQ 新軽店《さいくるめいときゅー しんかるてん》

☎0267-42-3315 ¥1時間550円～ 🕘9～17時（時期により変動あり）休雨天・悪天候時 MAP P137D3

マ 電 二 子 幼 P

※ペットはカゴ付の自転車にのせられる

レンタサイクル市村輪店《れんたさいくるいちむらりんてん》

☎0267-42-2484 ¥1時間400円～ 🕘9～17時（時期により変動あり）休水曜 MAP P137D3

マ 電 二 子 幼 P

地産サイクル《ちさんさいくる》

☎0267-42-5614 ¥1時間600円～ 🕘9～17時（時期により変動あり）休無休 MAP P137D3

電 二 子 幼

凡例 マ マウンテンバイク 電 電動自転車 二 二人乗り自転車 子 子ども用自転車 幼 幼児用椅子付自転車 ペ ペット用カゴ付自転車 P 無料駐車場あり（先着制の場合あり）

※サイクリングの際は、乗車用ヘルメットを着用しましょう。
ヘルメットの貸し出しの有無は事前に各店舗へご確認ください

軽井沢駅構内にあるショップやカフェをチェック！

CAFE&DINING FERMATA《かふぇ あんど だいにんぐ ふぇるまーた》

🐾OK（要ケージ）

駅ナカでカフェごはんを堪能

ドリンク520円～ほか、サンドイッチや特製カレーなど軽食メニューも充実。おつまみとお酒を頼んでバーとしての利用も。全品テイクアウト可能。

☎0267-42-0860 🕘9～21時 休無休 Pなし MAP P137D3

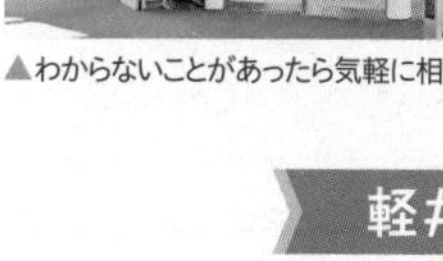

◀まるごとのトマトが印象的な信州野菜のビーフカレー1300円

おぎのや《おぎのや》軽井沢駅売店《かるいざわえきばいてん》

愛情あふれるあたたかい駅弁

昭和33年（1958）に誕生した横川駅名物「峠の釜めし」。炊き込みご飯の上に9種類の具が並び、素朴で懐かしい味わいが魅力。

☎0267-42-8048 🕘9時45分～19時（変動あり。売り切れ次第終了）休無休 Pなし MAP P137D3

◀大人気の峠の釜めしは1200円

名産品店《めいさんひんてん》プリムローズ《ぷりむろーず》

軽井沢&信州みやげがズラリ

観光案内所の隣にあるみやげ物店。軽井沢の人気店のオリジナル商品や信州の名産品を多数揃える。飲み物や菓子も販売。

☎0267-41-2067 🕘9時30分～19時 休無休 Pなし MAP P137D3

◀信州限定のキャラクター物も充実

しなの鉄道改札近くには、おぎのやが経営する立ち食いそば店があり、「駅そば発祥の地」という案内が見られます。

これしよう!

緑の中に立つ素敵な教会を訪れる

日本聖公会 軽井沢ショー記念礼拝堂 (☞P23) など、森の中の教会は必見。

こだわり満載のお洒落スイーツがいろいろ

これしよう!

おしゃれなお店で買い物したり休んだり

軽井沢イチの賑やかストリート、旧軽井沢銀座通り。脇道ものぞいてみて (☞P26)。

これしよう!

レトロな老舗宿で歴史に浸ってみる

軽井沢の歴史とともに歩んできた老舗宿、つるや旅館 (☞P106)。

新・旧ふたつの軽井沢を楽しむ王道エリア

新・旧軽井沢《しん・きゅうかるいざわ》

伝統的な製法で作られるハムやソーセージ。腸詰屋軽井沢銀座中央店 (☞P28・97)

こんなところ

軽井沢駅から旧三笠ホテルまでの観光の王道エリア。中心となる旧軽井沢銀座通りには約200もの店が並び、付近には老舗ホテルや教会が点在。軽井沢駅から北側の軽井沢本通りや六本辻周辺にも、美術館やショップ、レストランが多い。地元特産品を使ったグルメなど、高原リゾートを満喫できる。

access

●旧軽井沢銀座通りへ
軽井沢駅から草軽交通バスまたは西武観光バスで4分、旧軽井沢下車。または軽井沢駅から徒歩約30分。

問合せ
☎0267-45-6050
軽井沢観光案内所/くつかけテラス内

広域MAP P136~137

～新軽井沢・旧軽井沢　はやわかりMAP～

観光のヒント
旧軽井沢銀座通りでは休日の自転車通行が×

GWや夏休み、土曜・休日の旧軽井沢銀座通りはかなりの人出。自転車は禁止はされないが、メインストリートを避けたルートをとろう。

カラマツの巨木のトンネルを抜けて

約1kmの並木が続く三笠通り。黄金色に染まる秋もおすすめ。

国際交流の軌跡を静かに見学

宣教師など、軽井沢に移り住んだ外国人が眠る外国人墓地。

軽井沢に根ざしたクラシック・ホテル

万平通りを行くとホテルのシンボル、アルプス館が現れる。

おすすめサイクリング
3時間

駅北口からささやきの小径を経由して万平通りへ。二手橋から聖パウロカトリック教会へは水車の道を走ろう。御膳水から雲場池に向かう御水端通りは別荘ウォッチングも楽しみな道。

- スタート　JR・しなの鉄道　軽井沢駅
- ▶自転車3分
- 1　見学　矢ヶ崎公園
- ▶自転車15分
- 2　見学　日本聖公会　軽井沢ショー記念礼拝堂
- ▶自転車1分
- 3　カフェ　シブレット
- ▶自転車4分
- 4　見学　軽井沢聖パウロカトリック教会
- ▶自転車4分
- 5　見学　御膳水
- ▶自転車5分
- 6　見学　雲場池
- ▶自転車9分
- ゴール　JR・しなの鉄道　軽井沢駅

爽やかな高原の風に乗って サイクリングで名所めぐり

定番観光スポットをまわるならサイクリングがおすすめ。
木々のアーチが連なる並木道を爽快に駆け抜けましょう。

レンタサイクルショップは P17をCHECK！

おすすめコース

- スタート 軽井沢駅
- ⬇ 1.7㎞／約9分
- ① 雲場池
- ⬇ 1㎞／約5分
- ② 御膳水
- ⬇ 1.4㎞／約7分
- ③ 軽井沢ユニオン・チャーチ
- ⬇ 0.5㎞／約3分
- ④ 万平通り
- ⬇ 0.3㎞／約2分
- ⑤ ささやきの小径
- ⬇ 1㎞／約5分
- ⑥ 矢ヶ崎公園
- ⬇ 0.7㎞／約4分
- ゴール 軽井沢駅

▲遊歩道は池のすぐ脇にあり、カモなどの野鳥の姿も見える

新軽井沢

① 雲場池《くもばいけ》

小鳥がさえずる風光明媚な池

名水・御膳水を源とする雲場川を堰き止めて造られた細長い形の池で、大男の足跡の伝説もある。池の周囲に約20分で一周できる散策路が整備されている。

☎0267-42-5538(軽井沢観光会館) 住軽井沢町軽井沢 ¥休散策自由 交JR軽井沢駅から徒歩20分 P町営旧軽井沢駐車場利用約400台(有料・徒歩15分) MAP P137C2

▲ホテルの駐車場から徒歩1分ほどの森の中にある

☎0267-42-3535 (ホテル鹿島ノ森) 住軽井沢町軽井沢ホテル鹿島ノ森内 ¥休見学自由 交JR軽井沢駅から車で8分 Pホテル鹿島ノ森駐車場利用50台 MAP P137C1

旧軽井沢

② 御膳水《ごぜんすい》

明治天皇ゆかりの清らかな湧き水

ホテル鹿島ノ森の敷地内にあり、雲場池の源流となる湧水地。明治天皇が軽井沢を訪ねられた際、この湧き水を昼食の御膳に使われたことから御膳水とよばれている。

※サイクリングの際は、乗車用ヘルメットを着用しましょう。ヘルメットの貸し出しの有無は事前に各店舗へご確認ください

▲別荘も立ち並ぶ静かな通り

軽井沢ゆかりの外国人が眠る

雲場池近くの裏通りにある「外国人墓地」は、宣教師をはじめ、軽井沢に移り住んだ外国人が安らかに眠る場所。国際交流が盛んだった軽井沢ならではの文化遺産です。
MAP P137C2

旧軽井沢

5 ささやきの小径《ささやきのこみち》

堀辰雄が愛したアカシアの並木道

軽井沢ゆかりの作家・堀辰雄の小説『美しい村』にも登場し、万平通りから南に続く矢ヶ崎川沿いの道。道沿いに療養所があったことから、別名サナトリウムレーンともよばれる。

☎0267-42-5538(軽井沢観光会館) 住軽井沢町軽井沢 ¥休散策自由 交バス停旧軽井沢から徒歩20分 Pなし MAP P137D2

新軽井沢

6 矢ヶ崎公園《やがさきこうえん》

大きな池を囲む広々とした公園

大賀ホールに隣接した約4万6000㎡の公園。大きな池と広い芝生があり、散策やのんびり休憩するには最適。雄大な浅間山と離山が同時に眺められる。

☎0267-42-5538(軽井沢観光会館) 住軽井沢町軽井沢東28-1 ¥休散策自由 交JR軽井沢駅から徒歩5分 P70台 MAP P137D3

◀池の周囲には、快適な散策路も設けられている

▲細い道なので、車の往来に気をつけよう

旧軽井沢

4 万平通り《まんぺいどおり》

さわやかな緑のトンネル

軽井沢本通りから老舗ホテル・万平ホテル(☞P105)を結ぶ約1kmの通り。モミの木やモミジの大木が道沿いにまっすぐ連なる様子が美しく、写真スポットとしても人気を集めている。

☎0267-42-5538(軽井沢観光会館) 住軽井沢町軽井沢 ¥休散策自由 交バス停旧軽井沢から徒歩15分 Pなし MAP P137D2

旧軽井沢

3 軽井沢ユニオン・チャーチ《かるいざわゆにおん・ちゃーち》

憩いの場として受け継がれる教会

明治39年(1906)年、ダニエル・ノルマン宣教師によって設立。教会の建物は、大正7年(1918)にクラブハウスを改築したもの。礼拝だけでなく、コンサートや演劇会も行う、開かれた教会として親しまれている。

▲収容人数約300人の大ホールは、当時の軽井沢最大級の建物

☎なし 住軽井沢町軽井沢862 ¥見学無料 10～17時(礼拝、挙式時は見学不可) 休不定休 交バス停旧軽井沢から徒歩5分 P20台 MAP P136A2

新しいひと休みスポット

HARIO CAFE《はりお かふぇ》 軽井沢安東美術館店《かるいざわあんどうびじゅつかんてん》

NG

耐熱ガラスメーカーが手がけるカフェ

大正10年(1921)創業、コーヒー器具などを作ってきた「HARIO」の直営カフェ。2022年に開館した、画家・藤田嗣治の作品を常設展示する「軽井沢安東美術館」に併設。

☎0267-46-8066 住軽井沢町軽井沢東43-10 10～17時(11～2月は～16時) 休無休 交JR軽井沢駅から徒歩10分 Pなし MAP P137D3

▲クラシックショコラセット1500円。HARIOの器具で淹れたコーヒーや紅茶を、スイーツとともに味わえる(左)。ガラスアクセサリーなどの購入も可能(右)

軽井沢本通りから「旧三笠ホテル」(MAP P135C2)へ続く三笠通りもおすすめ。ホテルは2025年3月(予定)まで保存修理中で見学不可。

高原の風を感じながら 緑の中を木洩れ日さんぽ

軽井沢の自然を満喫するなら、まずは木立に囲まれたさんぽ道へ。
清々しい高原の空気を吸い込みながら、静かな通りを歩いてみましょう。

❶三角屋根と打ちっ放しのコンクリートが印象的。堀辰雄の小説『木の十字架』にも登場する ❷内部は屋根を支える梁組が「シザース（鋏状）トラス」とよばれる特徴的な構造。パイプオルガンがあり、結婚式も行われる ❸愛にあふれた聖フランシスコの像 ❹水車跡付近には歌人・片山広子の別荘もある ❺川のせせらぎが心地よく響く

❶❷❸

旧軽井沢

軽井沢聖パウロカトリック教会《かるいざわせいぱうろかとりっくきょうかい》

尖塔がそびえる三角屋根の教会

昭和10年(1935)、イギリス人司祭・ウォード神父が設立した軽井沢唯一のカトリック教会。建築界の巨匠A.レーモンドが故郷チェコの教会をイメージして建物を設計した。三角屋根の正面にある聖母子像にも注目。

☎0267-42-2429 住軽井沢町軽井沢179 ¥見学無料 ◷9～16時（礼拝・挙式時は見学不可）休不定休 交バス停旧軽井沢から徒歩6分 Pなし MAP P136A1

▶徒歩すぐ

❹

旧軽井沢

水車の道《すいしゃのみち》

堀辰雄も愛した中山道の裏道

三笠通りから、旧軽井沢銀座通りに並行してつるや旅館まで続く。かつて旅館つるやの水車がこの通りにあったことから名がついた。作家・堀辰雄も好んで歩いたという。

☎0267-42-5538（軽井沢観光会館）住軽井沢町軽井沢 ¥◷休散策自由 交バス停旧軽井沢から徒歩6分 Pなし MAP P136A1

▶徒歩10分

❺

旧軽井沢

二手橋《にてばし》

矢ヶ崎川に架かる小さな橋

旧軽井沢銀座通りを北に進むと現れる橋。宿場町として栄えた江戸時代、旅籠で知り合った旅人同士が、橋の上で名残惜しみながら、東西二手に分かれたことが名前の由来。

☎0267-42-5538（軽井沢観光会館）住軽井沢町軽井沢 ¥◷休散策自由 交バス停旧軽井沢から徒歩20分 Pなし MAP P136B1

ショーハウス記念館

「日本聖公会 軽井沢ショー記念礼拝堂」の裏手には記念館があります。A.C.ショー司祭が建てた軽井沢初の別荘を復元したもので見学も可能です。
☎0267-42-4740 MAP P136B1

❻現在の建物は明治28年（1895）に建造されたもの。礼拝堂の前にはA.C.ショー司祭の胸像が立つ ❼木造の礼拝堂内部は80名ほどが列席可能 ❽多くの文人が行き来した緑豊かな小径 ❾記念館の周りには犀星自ら築庭した美しい庭が広がり、苔むした庭が山荘に見事に調和する ❿建物や展示から当時の暮らしがわかる

▶徒歩1分

❻❼

旧軽井沢

日本聖公会《にっぽんせいこうかい》 軽井沢ショー記念礼拝堂《かるいざわしょーきねんれいはいどう》

“軽井沢の父”ゆかりの木造教会

軽井沢に最初の別荘を建て、避暑地としての魅力を広めたカナダ人宣教師アレキサンダー・クロフト・ショー司祭が設立。軽井沢での布教活動の拠点となった。

☎0267-42-4740 住軽井沢町軽井沢57-1 ¥見学無料 ⏰9～17時（冬期は～16時、礼拝堂使用時は入堂不可） 休不定休 交バス停旧軽井沢から徒歩15分 Pなし MAP P136B1

▶徒歩5分

❽

旧軽井沢

犀星の径《さいせいのみち》

文豪の旧居へと続く小径

作家・室生犀星の旧別荘・室生犀星記念館へ続く細い小径。犀星は、大正9年（1920）に初めて軽井沢を訪れて以来、亡くなる前年までの40数年間、毎夏を軽井沢で過ごした。舗装されていないので、徒歩で訪れよう。車は侵入不可。

☎0267-42-5538（軽井沢観光会館）住軽井沢町軽井沢 ¥⏰休散策自由 交バス停旧軽井沢から徒歩10分 Pなし MAP P136A1

▶徒歩2分

❾❿

旧軽井沢

室生犀星記念館《むろうさいせいきねんかん》

犀星の旧居を改修した記念館

大正期から昭和中期にかけて文壇で活躍した室生犀星の記念館。別荘は昭和6年（1931）に建てられた和風の平屋で、庭は犀星自らが築いたという。2019年の補修工事の際に発見された資料やこけら葺きの屋根の一部などを展示している。

☎0267-45-8695 住軽井沢町軽井沢979-3 ¥入館無料 ⏰9～17時 休11月上旬～4月下旬 交バス停旧軽井沢から徒歩10分 Pなし MAP P136B1

二手橋から先は旧碓氷峠へ続くハイキングコースです。群馬県との県境に位置する見晴台からは、関東平野や山々を見渡せます。

軽井沢ニューアートミュージアムで現代アートを満喫しましょう

軽井沢本通り沿いにある美術館でアート散策しましょう。
アート鑑賞後は、周辺の飲食店やおみやげ物店にも立ち寄れます。

▲支え合う2つのハートのオブジェ、オトニエル作『こころの門』。その背後にある隈研吾作『風通る白樺と苔の森<チャペル>』も見学できる

新軽井沢

軽井沢ニューアートミュージアム《かるいざわにゅーあーとみゅーじあむ》

国内外の現代アート作品を楽しめる

軽井沢駅から、軽井沢本通りを真っ直ぐ進むと全面ガラス張りの美術館にたどり着く。日本の戦後から現在までの優れたアートを中心に、世界の第一線で活躍する現代アート作家の作品を展示。鑑賞後は、カフェやリストランテ ピエトリーノ（☞P76）で休憩を。

☎0267-46-8691 住軽井沢町軽井沢1151-5 ¥入館無料（2階の企画展は別途2000円）🕒10～17時（7～9月は～18時）休月曜（祝日の場合は翌日、8月は無休）交JR軽井沢駅から徒歩10分 P20台 MAP P137D2

▲ポップなデザインが目を引く、フィリップ・コルバートオリジナルシール1点330円

▼D-BROS フラワーベース各1100円。ビニール製で水を入れると花瓶になる

気軽に立ち寄れるギャラリーへ

「軽井沢ニューアートミュージアム」1階に併設のギャラリー（ホワイトストーンギャラリー軽井沢店）では、美術館の企画展と連動した企画も行っています。新進気鋭の若手作家の作品は必見です。

1

2

3

4

5

1 建築家・西森陸雄氏が設計したスタイリッシュな美術館 2 さまざまな企画展が目白押し（写真はフィリップ・コルバート展） 3 独自の企画展示も行うミュージアムショップ 4 ひと休みの際はKEY'S CAFÉへ 🕒11～18時 休月・火曜 5 KEY'S CAFÉのベルギー産リエージュワッフルチョコ605円

周辺のレストラン&おみやげスポットはココ

アトリエ・ド・フロマージュ 軽井沢ピッツェリア《あとりえ・ど・ふろまーじゅ かるいざわぴっつぇりあ》

チーズ工房直営のレストラン。自家製チーズを使った料理が揃う。生チーズケーキ500円～などのスイーツも人気。近くの売店（☞P97）で料理にも使用したチーズを購入できる。

▲軽井沢ピッツェリアセット（2名分～）5800円。ピザ、サラダ、カレー、ドリンクが付く

☎0267-42-0601 住軽井沢町軽井沢東22-1 🕒11時30分～15時45分（15時LO）、17～21時（20時LO）、季節により変動あり 休水・木曜 交JR軽井沢駅から徒歩5分 Pなし MAP P137D3

Coruri KARUIZAWA《こるり かるいざわ》

信州産の素材を使用した手作りスイーツのお店。イタリアやフランスで修業したパティシエが作る軽井沢マカロン1個165円～は、季節の食材を使い、見た目もカラフルでかわいい人気商品。

☎0267-41-0987 住軽井沢町軽井沢1151-14 🕒10～20時 休不定休（1月中旬に10日間ほど連休あり） 交JR軽井沢駅から徒歩12分 Pなし MAP P137D2

▲色や味、大きさがあべこべなマカロンを、あべこべに積み上げたあべさん430円～

📖 軽井沢本通り沿いには美術館やギャラリーが点在。事前に企画内容を調べて行くのがおすすめです。

軽井沢イチのストリート 旧軽井沢銀座通りをぶらりおさんぽ

昔ながらの商店や最新のショップが軒を連ねる旧軽井沢銀座通り。
端から端まで歩いて、賑やかな通り界隈を制覇しましょう。

旧軽井沢銀座通りはこんなところ

旧軽ロータリーを起点に、二手橋まで約700m続く旧軽井沢のメインストリート。通りの両側には軽井沢を代表する飲食店やおみやげ物店が軒を連ねる。江戸時代に軽井沢宿が置かれた旧中山道の一部にあたり、大正時代には外国人や財界人の別荘地として栄えたこともあり、歴史あるスポットなども点在。話題の店も多くあり、グルメや観光、おみやげ探しにもぴったりだ。

交バス停旧軽井沢からすぐ MAP P136A・B1～2/P137D1　※GW～11月の土・日曜、祝日の11～18時（7月中旬～9月上旬は毎日11～18時）は歩行者天国になり、旧軽ロータリー～軽井沢観光会館周辺で車両規制。シーズン中は自転車通行も困難。

トイレは、通りの軽井沢観光会館とチャーチストリート内にある。両方とも有料で1回100円。無料トイレは、町営旧軽井沢駐車場前、二手橋に設置されている。

人気ショップをチェック

沢屋《さわや》 旧軽井沢店《きゅうかるいざわてん》

旬の新鮮な国産果実で作るジャム

DATA ☞P96

▶ストロベリージャム260g1620円。厳選した大粒イチゴのうま味を凝縮

ブランジェ浅野屋《ぶらんじぇあさのや》 軽井沢旧道本店《かるいざわきゅうどうほんてん》

伝統的製法で作るパン

DATA ☞P94

▶プレミアムフルーツライ2484円。フランス産のオレンジピールを使用したライ麦パン

酢重正之商店《すじゅうまさゆきしょうてん》

信州ならではの調味料がズラリ

信州の味噌や醤油などの調味料、ドレッシング、出汁、タレ、漬物などを扱う。自然の味わいを生かした和調味料は、おみやげや贈答品にも最適。

☎0267-41-2929 住軽井沢町軽井沢1-6 ⏰10～18時（変動あり）休無休 交バス停旧軽井沢からすぐ Pなし MAP P136A2

▲信州こがね味噌500g999円。信州を代表する黄金色の味噌。酢重で一番人気の、味と香り豊かな味噌

旧軽井沢の起点はココ!!

旧軽井沢銀座通りの入口は、バス停旧軽井沢のある旧軽ロータリーのすぐ目の前に。近くに町営の駐車場や駐輪場もあるので、基本的にここからスタートしましょう。「つるとんたんUDON NOODLE Brasserie KARUIZAWA JAPAN」が目印。
MAP P136A2

旧軽井沢銀座通りのシンボル

軽井沢観光会館《かるいざわかんこうかいかん》

軽井沢の観光案内所

▲更衣室やオムツ交換所、授乳スペースがあるのもうれしい。気軽に立ち寄ってみよう

レトロな外観が印象的で、観光情報を提供したり、宿泊施設の紹介などを行う総合案内所。散策の休息スペースも併設し、公衆トイレは1回100円で利用できる。

☎0267-42-5538 住軽井沢町軽井沢739-2 ⏰9～17時(7月上旬～8月下旬は～18時) 休無休（年末休業あり） 交バス停旧軽井沢から徒歩5分 Pなし MAP P136A1

チャーチストリート軽井沢《ちゃーちすとりーとかるいざわ》

グルメもおみやげも個性派揃い

レストランやカフェ、雑貨やおみやげの店が集まるショッピングモール。2階にはホテルが新設。屋外のテラスでは季節のイベントやマルシェなどの開催もある。

▲旧軽井沢銀座通りから聖パウロカトリック教会へ続くパッサージュ

☎0267-41-2501 住軽井沢町軽井沢601-1 ⏰10～18時（飲食店は～20時LO。店舗・季節により異なる） 休無休（冬期は休館日あり） 交バス停旧軽井沢から徒歩3分 P70台（館内利用でサービスあり） MAP P136A1

軽井沢のアトリエ《かるいざわのあとりえ》

やさしい味のお菓子が人気

地元の素材を使った「軽井沢らしさ」にこだわるみやげ物店。パッケージもセンスのよいものが多い。

▲かるいさわサブレ12枚入り1296円～。信州産の素材のよさを生かしてシンプルに仕上げた焼き菓子。ミルク（写真）とメープルの2種類の味を用意

☎0267-41-6927 住軽井沢町軽井沢778 ⏰9時15分～17時（季節により変動あり） 休不定休 交バス停旧軽井沢から徒歩3分 Pなし MAP P136A2

白樺堂《しらかばどう》 旧軽銀座本店《きゅうかるぎんざほんてん》

素材のおいしさをジャムに

昭和23年(1948)創業のジャム&菓子工房。どら焼やタルトのほかバラマキに最適な商品も並ぶ。

▲季節のフルーツを使ったオリジナルジャム150g756円～がズラリ

☎0267-42-3900 住軽井沢町軽井沢605 ⏰10時～17時30分（季節により変動あり） 休不定休 交バス停旧軽井沢から徒歩3分 Pなし MAP P136A1

旧軽井沢銀座通りの裏にある軽井沢会テニスコートは、上皇上皇后両陛下のロマンスの場所として有名です。

旧軽井沢銀座通り周辺で ちょい食べおやつをテイクアウト

旧軽井沢銀座通りの定番といえば個性豊かなテイクアウトフードたち。
気になるショップをのぞきながら、ぶらぶら街歩きを楽しみましょう。

▲信州鶏を使用した三笠ホテルカレーパン360円。信州産牛肉入りのカレーパン580円もある

▲名だたる著名人も愛したカレーを現代風にアレンジして、パンで包み、店内でカリッと揚げている

1 軽井沢キッチン《かるいざわきっちん》

幻のカレーが絶品！

旧軽井沢銀座通りの入口に立つカレーパン専門店。「軽井沢の鹿鳴館」と呼ばれた名門「旧三笠ホテル」に伝わった幻のレシピを再現したホテルカレーが使われていることで有名だ。自家焙煎のコーヒー380円（ホット）と一緒に味わいたい。

☎なし 住軽井沢町軽井沢12-20 🕒10～17時 休不定休 交バス停旧軽井沢からすぐ Pなし MAP P136A2

▲カラブレッサ605円。スパイシーな粗挽きソーセージのカラブレッサを目の前で焼いてパンに挟んでくれる

▲おみやげに最適な加工品が揃う。店頭にはテラス席も

2 腸詰屋《ちょうづめや》 軽井沢銀座中央店《かるいざわぎんざちゅうおうてん》

ドイツ仕込みのソーセージ

国産の豚肉や牛肉を、ドイツの伝統的な製法でハムやソーセージ、サラミなどに加工して販売。その場で焼いたソーセージをパンで挟んで提供するテイクアウトグルメも好評。

☎0267-42-5521 住軽井沢町軽井沢565 🕒10～18時 休水曜（夏期は無休、冬期休業あり） 交バス停旧軽井沢から徒歩2分 Pなし MAP P136A2

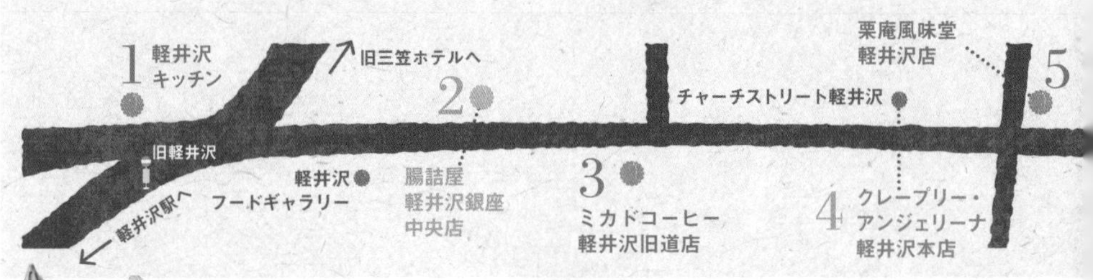

▲ドリップコーヒーを使用したミカド珈琲のモカソフト®（テイクアウト480円、店内喫茶650円）はコーンとカップ（店内ではグラス）の2種類

▲2階喫茶室で「旧軽通り（ハウスブレンド）」780円を

3 ミカドコーヒー《みかどこーひー》 軽井沢旧道店《かるいざわきゅうどうてん》

コーヒーロースター直営店

コーヒーロースター直営の喫茶店舗で、昭和27年（1952）に出店。自社焙煎工場直送のコーヒーとミカド珈琲のモカソフト®は、旧軽井沢銀座通りの名物だ。

☎0267-42-2453 住軽井沢町軽井沢786-2 🕒11時～16時30分（季節により変動あり） 休不定休（要問合せ） 交バス停旧軽井沢から徒歩3分 Pなし MAP P136A2

◀フローラ 季節のフルーツ800円。旬のフルーツがたっぷりのった贅沢なクレープ。デコレーションは日替わり

▲約60種類のクレープとアイスクリームを販売する

4 クレープリー・アンジェリーナ《くれーぷりー・あんじぇりーな》 軽井沢本店《かるいざわほんてん》

信州産のフルーツをクレープで

軽井沢や信州産フルーツを使ったクレープが揃う。オリジナルブレンドの粉で焼き上げる生地は周りがちょいパリ、中はもっちり。

☎0267-42-7502 住軽井沢町軽井沢601-1チャーチストリート軽井沢1階 🕒休チャーチストリート軽井沢に準ずる 交バス停旧軽井沢から徒歩3分 Pなし MAP P136A1

懐かしの旧軽井沢名物「ピロシキ」を再現

ジャムが名物の「沢屋 旧軽井沢店」(☞P96)では、創業当時に旧軽井沢のロシア料理店の名物だったピロシキ450円を再現して提供。もっちりした生地の中にひき肉やタマネギ、ゆで卵の具がぎっしり!
☎0267-42-8411 MAP P136A1

◀オブセ牛乳を使ったソフトクリームに、栗の餡や渋皮煮、甘露煮などをのせた栗づくし800円

▲自慢の栗スイーツは開放的なテラス席でも味わえる

5 栗庵風味堂《くりあんふうみどう》 軽井沢店《かるいざわてん》

栗づくしのパフェが絶品

創業150年以上の小布施の栗菓子専門店の直営。原材料や製造過程にこだわるお菓子を販売するほか、オブセ牛乳を使ったパフェやソフトクリームのテイクアウトも人気。

☎0267-46-8310 住軽井沢町軽井沢606-3小坂プラザ1階 ⏲10～18時(季節により変動あり) 休不定休 交バス停旧軽井沢から徒歩3分 Pなし MAP P136A1

▲手作りメンチパン540円
▶ポテトころっけパン460円

▲注文してから揚げるので、いつでも揚げたてが食べられる

6 軽井沢のころっけやさん《かるいざわのころっけやさん》

アツアツをほおばろう

揚げたてサクサクの食感が自慢のコロッケ専門店。定番のポテトころっけ220円のほか、カレーころっけや、ポテトころっけパンなども人気が高い。

☎0267-42-7667 住軽井沢町軽井沢634 ⏲10～18時(季節により変動あり) 休不定休(12～3月は休業) 交バス停旧軽井沢から徒歩6分 Pなし MAP P136A1

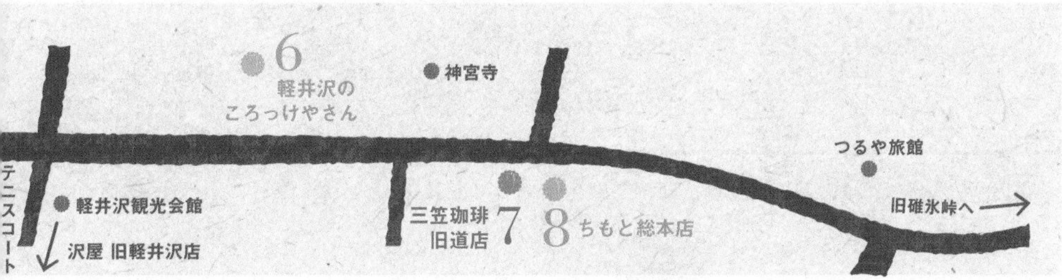

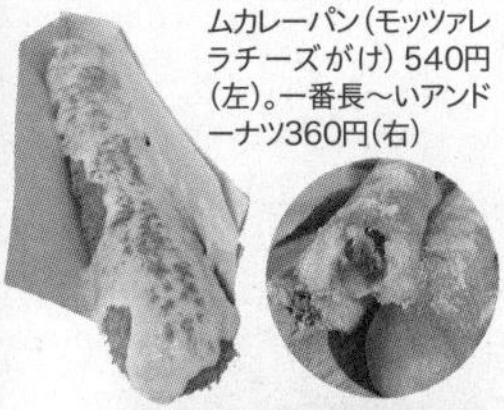

▼贅沢な長～いプレミアムカレーパン(モッツァレラチーズがけ)540円(左)。一番長～いアンドーナツ360円(右)

▲コーヒーなどのドリンクも豊富

7 三笠珈琲《みかさこーひー》 旧道店《きゅうどうてん》

揚げたてのパンが充実

自家焙煎コーヒーと揚げたてカレーパンのテイクアウト専門店。信州チキンの欧風カレーを包んだカレーパンの長さは28㎝ほど。十勝産の小豆を使った長いあんドーナツもおすすめ。

☎なし 住軽井沢町軽井沢707 ⏲10時～16時30分 休不定休 交バス停旧軽井沢から徒歩7分 Pなし MAP P136A1

◀焼きだんご(しょうゆ)2本360円。注文を受けてから焼く。モチモチ食感と醤油の香ばしさがクセになる

▲ちもと餅250円(手前)と風味豊かなそば団子1串230円(奥)

8 ちもと総本店《ちもとそうほんてん》

江戸の旅人気分で一服

宿場町の茶屋の雰囲気を残す老舗甘味処。求肥に黒糖とクルミを練り込んだ、ちもと餅は江戸時代から伝わる名物だ。夏は天然かき氷700円～もおすすめ。

☎0267-42-2860 住軽井沢町軽井沢691-4 ⏲10～18時(季節により変動あり) 休木曜、ほか冬期休業あり 交バス停旧軽井沢から徒歩7分 Pなし MAP P136A1

ミカドコーヒーは、軽井沢・プリンスショッピングプラザ(☞P42)やツルヤ 軽井沢店(☞P98)にもあります。

旧軽井沢で見つけた かわいい雑貨たちをお持ち帰り

友達へ、自分へのプレゼントにオシャレな雑貨はいかが？
旧軽井沢銀座周辺の、一点物の商品に出合えるお店に寄ってみましょう。

エンベロープクラッチ
2万900円
一枚皮を使用したなめらかな質感のバッグ。くしゃっと持つのがおしゃれ A

おりがみワンピース **6枚330円**
ポップなデザインの紙を折るとワンピースに。飾りや便箋など、さまざまな用途に使える A

花入れ **6820円**
安曇野のガラス作家・松浦あかねさんのガラス作品 B

エッグベーカー
4400円
オリジナルのスリップ模様と温かな色合いとふっくら愛らしいフォルムが印象的 B

草木染ストール **各6600円**
妙義山麓に工房のある草木屋で作られたストール。色合いは染料となる植物の育つ風土や、季節で異なる A

カップ&ソーサー
6050～7150円
島根県松江市の湯町窯が制作。色合いにもほっこり B

ゆのみ **2420円**
岐阜に工房を構える恩田陽子さんの陶器。深みある色合いが特徴 B

Qcul《きゅーかる》 Atelier《あとりえ》 A

ナチュラルな ハンドメイド作品たち

ドライフラワーや布、木を使ったものなど、軽井沢の自然にマッチするような作品が豊富。陶芸家による陶器も数多く並ぶ。

▲県内在住の作家を含め、40人ほどの作家手作りの雑貨を揃える

☎0267-31-6979 住軽井沢町軽井沢601-1チャーチストリート軽井沢1階 ⏰10～18時（12～3月は～17時、その他変動あり）休無休（12～3月は不定休）交バス停旧軽井沢から徒歩3分 Pチャーチストリート軽井沢駐車場利用（割引サービスあり） MAP P136A1

酢重《すじゅう》ギャラリー《ぎゃらりー》 ダークアイズ《だーくあいず》 B

大人のための雑貨で 日常に彩りをプラス

信州ゆかりの陶芸家をはじめ、日本各地の窯元から仕入れた器や、海外の雑貨、ヴィンテージ家具などをセレクト。商品は一点ものが多く、売り切れの場合あり。

▲レストラン 酢重正之（☞P87）など系列の和食店で使用している食器や銅釜なども揃う

☎0267-41-2828 住軽井沢町軽井沢1-7 ⏰10～18時（季節により変動あり）休無休 交バス停旧軽井沢からすぐ Pなし MAP P136A2

軽井沢の伝統工芸品「軽井沢彫」もおすすめ

約100年前、軽井沢に別荘を建てた外国人が別荘用の家具を求めるようになり、作り始めたのが「軽井沢彫」。外国人の好みに合わせた桜やブドウなどのモチーフが定番に。「大坂屋家具店 下の店」では、手鏡中 桜彫 彩（写真）1万5400円など、軽井沢彫の小物が充実しています。
☎0267-42-5139 MAP P136A2

ギンガムトルション
1枚 2970円
ハリ感とやわらかさのバランスが気持ちよいコットンリネン素材。チェック柄で食卓に彩りをプラス C

ファスナーポーチ S
1320円
ミッフィーの絵柄がかわいいポーチは携帯しやすいサイズ。おでかけの際、小物を入れるのに便利。軽井沢限定 D

マグカップ 1430円
使いやすいスタンダードなマグカップに軽井沢限定品が登場。ミッフィーたちとほっとひと息。軽井沢限定 D

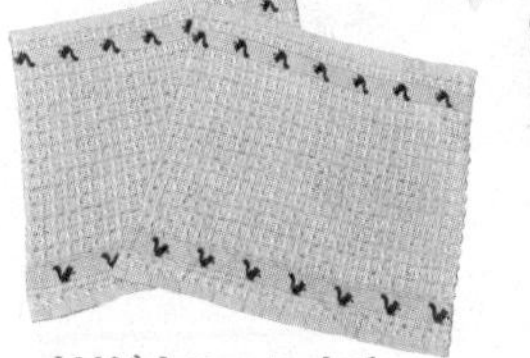

オリジナルハンカチ
1枚1100円
お店のモチーフの「小リス」が刺繍されたコットンリネン素材で日本製 C

タータンチェックマルシェバッグ
2万5300円
ロイヤルスチュアートのチェック柄が人気で使い勝手のよい日本製のバッグ C

うさぎのお箸置き
1個748円
指輪を飾るのにもぴったりな人気の箸置き。インテリアとしても使える。写真の全店共通カラーのほか、森のきっちん限定カラーもあり D

コルクコースター 385円
軽くて使いやすいコルク素材。お手頃価格でかさばらないのでおみやげにもおすすめ。軽井沢限定 D

coriss《こりす》 C

かわいくてほっこりシンプル雑貨

雑貨好きのご主人と洋服好きの奥さんが営むセレクトショップ。食器や文房具、リネン類や洋服、靴下など幅広いジャンルの商品を扱っている。

▲ナチュラルテイストの店内に、所狭しと多彩な商品が並ぶ。掘り出し物を探してみては

☎0267-46-8425 住軽井沢町軽井沢10-2 ⏰10時30分～17時30分 休水曜（1～3月は火～木曜定休）交バス停旧軽井沢から徒歩3分 P8台 MAP P137D2

みっふぃー森のきっちん《みっふぃーもりのきっちん》 D

森とミッフィーがテーマの雑貨店&ベーカリー

キッチン・生活雑貨などのミッフィーグッズをはじめ、軽井沢限定のオリジナル雑貨も揃う。みっふぃーあんぱんを販売する「みっふぃー森のべーかりー」も併設。

▲ミッフィーのかわいいグッズがズラリと並ぶ店内

☎0267-31-0628 住軽井沢町軽井沢559 ⏰9時30分～17時30分（冬期は～17時）休無休 交バス停旧軽井沢から徒歩2分 Pなし MAP P136A2

ピープル・ツリーのフェアトレードアイテムとムーミンのグッズを中心に扱う、「マーガレット ミイ」（MAP P136 A1）もおすすめです。

テラスのあるカフェで過ごす のんびりとした軽井沢タイム

新・旧軽井沢には、木立に囲まれたテラスカフェが多い。
高原の風を感じながら、おいしいスイーツをいただこう。

▲季節のアフタヌーンティーセット6050円（サービス料別、1名より）。プティガトーや焼き菓子、サンドイッチが3層に盛られた豪華なセット。アフタヌーンティーは完全予約制

旧軽井沢 🐾NG

CRESSON RIVERSIDE STORY 旧軽井沢《くれそん りばーさいど すとーりー きゅうかるいざわ》

苔庭を眺めながらアフタヌーンティー

旧軽井沢銀座通りの奥に広がる苔庭に囲まれたレストラン。四季を感じられる美しい景観のなか、信州の食材を使ったこだわりの料理と、旬のフルーツを生かした繊細なスイーツを、エレガントな店内や広いテラスで味わえる。

▲店内には、店名と同じ名前の絵本の挿絵が飾られている

☎0267-46-8037 住軽井沢町軽井沢680-1 営11時30分～19時LO（アフタヌーンティーは15時LO）休不定休（冬期休業あり）交バス停旧軽井沢から徒歩10分 P8台（予約不可）MAP P136B1

旧軽井沢 🐾OK（テラスのみ）

旧軽井沢café涼の音《きゅうかるいざわかふぇすずのね》

雑木林にひっそりと立つ別荘カフェ

作家・森瑤子氏などの著名人が所有していた大正～昭和期の別荘をカフェとして活用。軽井沢彫の調度品を備えるなど随所に別荘文化が薫る。テラスのほか庭にも席を設け、緑のなかで喫茶が楽しめる。

☎0267-31-6889 住軽井沢町旧軽井沢972 営9時～16時30分LO 休水曜（祝日の場合は翌日、12月上旬～3月中旬は冬期休業）交バス停旧軽井沢から徒歩10分 Pなし MAP P136B1

▲フレンチトースト1210円。フルーツたっぷりの華やかなフレンチトースト。数量限定

▲大正時代の別荘の間取りをそのまま生かした店内

山小屋風のレトロ喫茶でほっこり

「ぱいつぽおる」は、地元で長年愛される喫茶店で、店名はノルウェー語で「薪で燃える火」を意味。ノルウェー製の薪ストーブを備えた店内で、ミカド珈琲のコーヒー豆を使ったコーヒーと手作りスイーツを味わって。

☎0267-42-3159 MAP P136A1

新軽井沢 🐾OK

カフェ ラフィーネ《かふぇ らふぃーね》

アールヌーボーの洋館カフェ

雲場池にほど近い別荘地に立つカフェ。アール・ヌーヴォー調の洋館に手入れの行き届いた苔庭が備わり、テラス席から鑑賞できる。コーヒー950円などを味わいながら静寂のひとときを過ごそう。

☎0267-42-4344 住軽井沢町六本辻1663 営11～18時(変動の場合あり) 休不定休(GW、8月は無休) 交JR軽井沢駅から徒歩15分 P6台 MAP P137C2

▲バナナケーキ950円。創業時から変わらないレシピで手作り(左)。オーナー手作りのケーキやスコーンも人気(右)

野鳥やリスが訪れることもあるテラス席は20席以上を用意

GWから10月ごろまで利用できるテラス席も気持ちがよい

▲水出しアイスコーヒー800円とオリジナルチョコレートケーキ700円。アイスコーヒーは8時間以上かけて抽出される。チョコレートケーキは上品な甘さ

新軽井沢 🐾NG

旦念亭《たんねんてい》

味も香りも際立つ水出しアイスコーヒー

軽井沢のおいしい水を生かして、8時間以上かけてドリップする水出しアイスコーヒーが名物。丁寧に抽出することで、雑味がなく、芳しい香りが広がる。門外不出のレシピで作る自家製チョコレートケーキと一緒に味わおう。

☎0267-42-5616 住軽井沢町軽井沢東4-2 営9時～18時30分(GW、7～9月は8時～17時30分) 休水曜(祝日の場合は営業。GW、8月は無休) 交JR軽井沢駅から徒歩2分 P11台 MAP P137D3

新軽井沢 🐾OK(テラスのみ)

カフェテラス ミハエル《かふぇてらす みはえる》

軽井沢初のオープンテラスカフェ

昭和51年(1976)創業したカフェ。建物は林の中にある赤い壁が印象的なロッジハウス。初代ロシア人オーナーが考案した、ジャム入りの本場のロシアンティーや自家製スイーツが人気。

☎0267-42-6750 住軽井沢町軽井沢1323-269 営10～18時 休4月上旬～7月中旬および10～11月は土・日曜、祝日のみ営業。12～3月は冬期休業 交JR軽井沢駅から徒歩13分 P3台 MAP P137C2

▲ドリンクに+350円で付くクリームチーズトルテ(単品の注文不可)。チーズ・生クリーム・ヨーグルトを使用

雲場池通りの並木道に面したテラス席。四季折々の景色を満喫しよう

雲場池通り周辺は閑静な別荘地。大正時代に外国人や上流階級の日本人が別荘を建てたのが始まりです。

ココにも行きたい!

新・旧軽井沢のおすすめスポット

見晴台《みはらしだい》(旧碓氷峠遊覧歩道《きゅううすいとうげゆうらんほどう》)

森林浴をしながらお手軽ハイキング

旧碓氷峠の遊覧歩道入口から、約1時間20分のゆるやかな上り坂のコースを登り切った山頂にある展望台。標高約1200mから八ヶ岳や南・北アルプス、赤城山などを見渡すことができる。DATA ☎0267-42-5538(軽井沢観光会館) 住軽井沢町峠町 ¥◷休散策自由 交遊覧歩道入口まではバス停旧軽井沢から徒歩25分 P旧軽井沢町営駐車場385台（マイクロバスを含む)、見晴台5台 MAP P135C2

トリックアートミュージアム軽井沢《とりっくあーとみゅーじあむかるいざわ》

摩訶不思議な世界を体験できる

だまし絵など約100点の作品を展示する体験型アミューズメント施設。目の錯覚を利用した不思議な世界を体験できる。ポーズを決めてユニークな写真を撮ろう。併設のカフェでひと休みも可能。DATA ☎0267-41-1122 住軽井沢町軽井沢809 ¥入館1500円 ◷10～18時（7月25日～8月25日9～19時、11～2月は～17時） 休無休（冬期休館あり） 交バス停旧軽井沢からすぐ P40台（90分無料） MAP P136A2

脇田美術館《わきたびじゅつかん》

“色彩の音楽”と称される絵画を鑑賞

現代洋画家として活動した脇田和の美術館。花や鳥を主題にした作品は、その調和した色彩から、「室内楽」にたとえられる。脇田和のアトリエ山荘（吉村順三設計）を残している。ティールームやショップも併設。DATA ☎0267-42-2639 住軽井沢町旧道1570-4 ¥入館1000円 ◷10～17時 休無休（11月～6月上旬は休館、ほか臨時休館あり） 交JR軽井沢駅から徒歩10分 P7台 MAP P137D2

土屋写真店《つちやしゃしんてん》

貴重な写真が店内を飾る

明治39年（1906）の創業以来、軽井沢の変遷を写してきた写真店。店内には皇族をはじめ、貴重な写真がズラリと並ぶ。絵はがき110円～記念撮影（2枚2500円～）もしてもらえるので、旅の思い出にぜひどうぞ。DATA ☎0267-42-2167 住軽井沢町軽井沢619 ◷9～18時 休無休（冬期休業あり） 交バス停旧軽井沢から徒歩6分 Pなし MAP P136A1

ロティスリー ピレネー《ろてぃすりー ぴれねー》

OK（テラスのみ）

薪焼きの炎と熱でグリルする塊肉は格別

厳選牛に稀少銘柄豚、若鶏などを店の中央にある暖炉で焼きあげて提供。大地の恵みを自然の力で焼きあげることで、ダイナミックでシンプルなうま味に。「これぞ肉!」と感じる料理の数々を堪能できる。DATA ☎0267-41-3339 住軽井沢町軽井沢1181-8 ◷12時～14時30分LO、17～21時LO 休月・火曜（夏期・冬期は要問合せ） 交JR軽井沢駅から徒歩15分 P20台 MAP P137C2

レストラン&カフェ キッツビュール《れすとらんあんどかふぇ きっつびゅーる》

OK

本格ドイツ料理で肉のうま味を堪能

本場で修行したシェフによる、ドイツ料理のレストラン。本日のランチ1980円（写真）は、ドイツ風ハンバーグなどのメインに、スープと、パンかライスが付く。人気のソーセージ4種盛りは2678円。ドイツビール1078円～と一緒に味わおう。DATA ☎0267-42-1288 住軽井沢町軽井沢6-1 ◷7時30分～23時LO（季節により変動あり） 休無休 交バス停旧軽井沢から徒歩すぐ Pなし MAP P137D2

カルテットブルーイング《かるてっとぶるーいんぐ》

NG

クラフトビールで乾杯

軽井沢本通りに面し、醸造所を併設したクラフトビール専門店。オリジナルビールなど十種類のドラフトビールと、数十種類の缶ビールがずらり。クラフトビールをドラフト（生）で味わえるほか、テイクアウトでも楽しめる。DATA ☎0267-31-5493 住軽井沢町軽井沢1277-15YS軽井沢1階 ◷15～20時 休火・水曜 交JR軽井沢駅から徒歩10分 Pなし MAP P137D2

つるとんたん UDON NOODLE《つるとんたん うどん ぬーどる》 Brasserie KARUIZAWA JAPAN《ぶらっすりー かるいざわ じゃぱん》

OK

関西風うどんの「つるとんたん」が軽井沢に

旧軽井沢銀座通りの入口に立つ。つるとんハーブサラダ1780円など、信州産の食材を生かした軽井沢限定のオリジナルメニューも豊富、テイクアウトもOK。DATA ☎0267-42-0026 住軽井沢町軽井沢旧軽井沢813-10 ◷10時30分～21時30分LO（季節により変動あり） 休無休 交バス停旧軽井沢からすぐ Pなし MAP P136A2

ストーブカフェ オキザリス《すとーぶかふぇ おきざりす》

NG

温かな手作り料理を朝食に

ストーブが置かれたアットホームなカフェ。ジャガイモを香ばしく焼いたスイスの郷土料理ロスティーセット1300円（写真）など、手作りメニューが朝から味わえる。デザートには軽井沢トーストフレンチシュゼット1200円（単品）を。DATA ☎0267-42-4442 住軽井沢町軽井沢1287-9 ◷7時～14時30分（冬期8時～） 休木曜 交JR軽井沢駅から車で5分 P4台 MAP P137C3

NG

SNOOPY茶屋 Cafe & Take out《すぬーぴーちゃや かふぇ あんど ていくあうと》

スヌーピーがモチーフのスイーツが登場

『ピーナッツ』の世界観をテーマにした複合施設「SNOOPY Village」のカフェ。スヌーピー 2種あんこのお好み最中1078円をはじめ多彩なスイーツメニューを用意。DATA ☎0267-48-6000 住 軽井沢町軽井沢800 SNOOPY Village2階 ⏲10～17時LO（冬期は～16時30分LO）※ショップ9時30分～17時30分（冬期は～17時）休 無休（冬期休業あり）交 バス停旧軽井沢から徒歩7分 P なし MAP P136A2

OK（テラスのみ）

あづまや 旧軽井沢店《あづまや きゅうかるいざわてん》

碓氷峠の名物・力餅が味わえる茶屋

日本のマラソンの発祥「安政遠足（あんせいとおあし）」で振る舞われた力餅。毎朝つきたての餅で作っており、あんこ、大根おろし、エゴマ、きなこ、黒ゴマ、クルミの6種類各570円を用意。抹茶セット950円で味わいたい。天ざるそば1980円など食事もある。DATA ☎0267-42-1701 住 軽井沢町軽井沢674 ⏲10時～売り切れ次第閉店 休 不定休 交 バス停旧軽井沢から徒歩8分 P なし MAP P136A1

NG

茜屋珈琲店 旧道店《あかねやこーひーてん きゅうどうてん》

シックな雰囲気のカフェ

黒を基調にした店内は、大人向けの空間。味わい深いコーヒーは、炭火でじっくり焙煎した豆を一杯ずつ丁寧にドリップする。珈琲995円、チョコレートケーキとチーズケーキは各600円、かれーらいす1500円（ドリンクとのセットは2300円）などを用意。DATA ☎0267-42-4367 住 軽井沢町軽井沢666 ⏲9～18時（夏期は～20時）休 無休 交 バス停旧軽井沢から徒歩7分 P なし MAP P136A1

シブレット《しぶれっと》

OK（テラスのみ）

涼しげな山盛りかき氷が名物

避暑客の人気を集めるのが、浅間山麓の湧水を凍らせた天然氷のかき氷。いちご680円や宇治690円など、約20種類のシロップで、ふわりとした口溶けを楽しもう。プラス100円でアイスのトッピングができる。DATA ☎0267-42-2222 住 軽井沢町軽井沢668 ⏲10時～17時 休 不定休（夏期は無休、11月中旬～4月初旬は休業）交 バス停旧軽井沢から徒歩8分 P なし MAP P136A1

ジェラート&ワイン リビスコ《じぇらーとあんどわいん りびすこ》

濃厚牛乳の手作りジェラート

小布施町のオブセ牛乳と生のフルーツを使ったジェラートは、毎朝手作りするから新鮮。自然な甘みとなめらかな舌ざわりが特徴で、定番から季節限定までジェラートの種類も豊富だ。シングル650円、ダブル750円。DATA ☎0267-42-9113 住 軽井沢町軽井沢746-4 ⏲10時～日没（売り切れ次第閉店）休 水曜（11月中旬～4月中旬の営業は要問合せ）交 バス停旧軽井沢から徒歩5分 P なし MAP P136A2

寺子屋本舗 軽井沢店《てらこやほんぽ かるいざわてん》

香ばしい匂いに誘われて

国産のもち米を100%使用した手作りせんべい専門店。店頭で一枚ずつ購入可能。自然薯入りのぬれおかきや、せんべい140円～は、散策のお供にぴったりだ。店内ではおみやげ用の商品がズラリと並んでいる。DATA ☎0267-42-1131 住 軽井沢町軽井沢570 ⏲9時30分～17時30分（季節により変動あり）休 無休 交 バス停旧軽井沢から徒歩2分 P なし MAP P136A2

ル・レガラン《る・れがらん》

リーズナブルな本格スイーツ

昭和54年(1979)開業のフランス洋菓子店。新鮮な卵やフルーツなど素材にこだわった約30種類のケーキは小ぶりなサイズで、1ピース310円～。パイ生地を包んだ、軽井沢ロール（写真）1本1380円（ハーフ690円）も人気。DATA ☎0267-42-7955 住 軽井沢町軽井沢1-13 ⏲10～18時（夏期は9時30分～19時）休 木曜（8月は無休、1～3月は休業）交 バス停旧軽井沢から徒歩すぐ P なし MAP P137D2

軽井沢チョコレートファクトリー《かるいざわちょこれーとふぁくとりー》

色とりどりのチョコレートボールが人気

看板商品は、隣接するチョコレート工場で作る軽井沢チョコレートボール。マカダミアナッツをチョコレートでコーティングした菓子で、リンゴやブルーベリーなど12種類。人気の詰め合わせ、軽井沢チョコレートボールMIX(M)は1180円。DATA ☎0120-392-368 住 軽井沢町軽井沢1323-80 ⏲10～18時（季節により変動あり）休 不定休 交 JR軽井沢駅から車で5分 P 25台 MAP P136B3

yoito《よいと》

生活をゆったり送るための素敵な道具

店名の「よいと」は長野県の方言で「ゆっくりと」から。店内には作家の作品やアンティークの小物や器などのアイテムが揃う。一点ものの商品が多い。DATA ☎0267-41-4112 住 軽井沢町軽井沢601-1チャーチストリート軽井沢1階 ⏲10～18時（季節により変動あり）休 不定休（チャーチストリート軽井沢に準ずる）、1～3月は水・木曜 交 バス停旧軽井沢から徒歩3分 P チャーチストリート軽井沢駐車場利用（割引サービスあり）MAP P136A1

2022年オープンの「SNOOPY Village」には、茶屋のほか、ウッドストックがテーマのショップとチョコレートショップがあります。

ふむふむコラム

fumu fumu

滞在が豊かになる 知っておきたいリゾートの歴史

ほかのリゾートにはない軽井沢のもつ独特の魅力は、
自然環境に加え、西洋人がもたらし、軽井沢の人々が生み出した文化。

避暑地・軽井沢の始まり

江戸時代以降、箱根と並ぶ難所・碓氷峠を越えた軽井沢高原には、中山道の浅間根越の三宿（軽井沢・沓掛・追分）とよばれた宿場がおかれ、栄えていた。しかし明治時代になり、街道をゆく旅人が少なくなり、明治17年(1884)に碓氷新道(現在の旧国道18号)が開通すると、旧宿場町は完全に衰退し、周辺の高冷地の農村地帯とも過疎の村へとなっていった。A

西洋風の避暑地、そして庶民の保護地へ

明治19年(1886)、英国聖公会のカナダ人宣教師、アレキサンダー・クロフト・ショー司祭が軽井沢を訪れる。彼は、さわやかな気候、美しい自然に感動し、故郷の風景に重なる軽井沢に魅せられ、その夏、避暑に訪れる。軽井沢を「屋根のない病院」と絶賛し、明治21年(1888)に、軽井沢初となる別荘を建てた。ショー司祭の友人たちも次々と別荘を建て、明治26年(1893)には、日本人所有の初めての別荘も建てられ、旅籠だった亀屋は西洋式の万平ホテルに改築された。こうして軽井沢は、避暑地としての歴史を歩み始める。

A.C.ショー司祭は明治28年(1895)に、これも軽井沢初となる教会として礼拝堂を建て、キリスト教布教の拠点にした。宣教師たちは、パンやジャムの作り方から、土地に合ったキャベツや白菜などの高原野菜の栽培方法など、さまざまな西洋文化をこの地に伝えた。明治38年(1905)には、木造の純洋風ホテル・三笠ホテルが竣工し、日本の近代化を担った多くの外国人や、皇族、上流階級の人々が集い、優雅な時を過ごした。BC

日本を代表するリゾートへ

大正期になると箱根土地(コクド)、鹿島建設、野沢組など大手資本が参入し、土地分譲が始まり、旧軽井沢中心だった別荘地が南へ西へと開発された。有産階級の日本人避暑客が増え、外国人がつくりあげた質素高潔な避暑地から、華やかな避暑地へと変貌していく。
昭和期になると、清涼な空気と西洋文化の薫りを求めて、日本人の避暑客も多く訪れるようになり、旧軽井沢の商店街は「軽井沢銀座」とよばれるほど商店が立ち並び、ゴルフ場、テニスコート、乗馬の施設などが整っていく。室生犀星、堀辰雄ら多くの文人も訪れ、別荘をもつようになる。しかし第二次世界大戦後は、ホテルや高級な別荘が進駐軍に接収され、軽井沢は受難の時期を迎える。

戦後、高度経済成長期にレジャー志向が高まると、会社や学校の寮が建つようになり、民宿なども出現して、より多くの人が軽井沢に訪れるようになる。そんな折、昭和33年(1958)、皇太子明仁親王（当時）と正田美智子さんが、軽井沢のテニスコートで出会い、ロマンスが生まれる。テニスブームが起こり、軽井沢はますます脚光を浴びることになる。皇太子ご一家が、中軽井沢駅に降り立つ光景が夏の軽井沢の風物詩となり、1970年代後半には、ジョン・レノン一家が毎年過ごすなど、軽井沢は日本を代表する避暑地となる。DEF

目覚ましい発展を遂げイマドキのリゾートへ

交通の難所・碓氷峠を越える軽井沢は、平成5年(1993)、上信越自動車道が開通し、平成9年(1997)に長野新幹線（現・北陸新幹線）が開通すると、東京から最も近いリゾートとして注目され、一流のレストランやおしゃれなカフェ、美術館や記念館、ギャラリーが増え、大型ショッピングプラザも登場。散策、サイクリング、乗馬、ゴルフ、スキーなど、自然のなかでスポーツする楽しみに加えて、さわやかな空気のなか、ゆったりした気分でアートに触れたり、グルメを楽しんだり、買い物をしたりと、四季を通じて多彩な楽しみ方ができるリゾートとして発展し続けている。GH

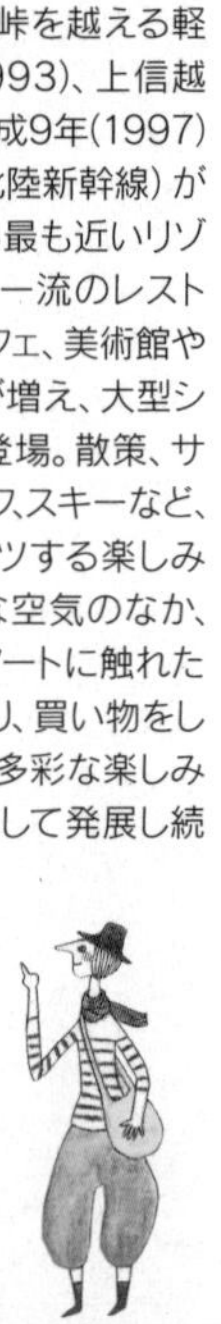

A 江戸時代の旅籠の建物が残る追分宿　B 日本聖公会 軽井沢ショー記念礼拝堂前のショー司祭の胸像　C 昭和10年（1935）ごろの旧軽井沢銀座通り（写真提供／土屋写真店）　D 万平ホテルの玄関 ※万平ホテルは2024年夏（予定）まで、改修工事のため休業中　E 旧朝吹山荘「睡鳩荘」のサロン　F ジョン・レノンと息子ショーン　G ハルニレテラス　H 軽井沢・プリンスショッピングプラザ

これしよう！

日本最大級のモールでお買い物しなきゃ

リゾート・アウトレットの草分け、軽井沢・プリンスショッピングプラザ(☞P40)。

これしよう！

一軒家レストランで美食に浸りた〜い！

カリスマシェフの洗練された味にうっとり（無彩庵 池田☞P72）。

エルツおもちゃ博物館・軽井沢（☞P49）で、しばし童心に

これしよう！

湖のほとりのアートスポットへ

軽井沢タリアセン(☞P46)ほか、塩沢湖の周辺にはアートスポットが集中。

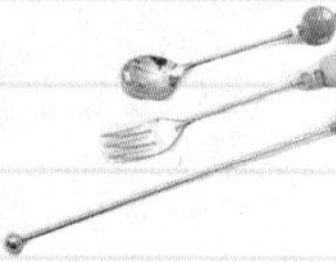

軽井沢ガラスギャラリーアームス（☞P55）で自分へのおみやげを

広いエリアにアートや美食スポットが点在

南軽井沢《みなみかるいざわ》

こんなところ

軽井沢駅の南側でまず目に入るのがアウトレットモールとゴルフ場・スキー場。また、このエリアには軽井沢タリアセン、ムーゼの森をはじめ、緑豊かなアートスポットも多い。塩沢通り沿いなどには、カリスマシェフの一軒家レストランやスイーツのおいしいカフェも点在している。

access

●軽井沢駅から塩沢湖（軽井沢タリアセン）へ
軽井沢駅から西武観光バス（急行塩沢湖線）で15〜17分、塩沢湖下車すぐ。

問合せ
☎0267-45-6050
軽井沢観光案内所/くつかけテラス内

広域MAP P138〜139

～南軽井沢 はやわかりMAP～

観光のヒント

軽井沢駅北口で自転車を借りてスタート

見学に時間をかけたいスポットが多い南軽井沢。周遊バスは便数が少ないのでサイクリングがおすすめ。レンタサイクルショップは軽井沢駅北口に多い。

おすすめサイクリング

4時間20分

軽井沢駅～軽井沢中学前交差点の線路との並走区間をはじめ、軽井沢バイパス、プリンス通りなどは自転車専用道が整備されており、安心・快適にサイクリングを満喫できる。

- スタート　JR・しなの鉄道 軽井沢駅
- ▶自転車20分
- 1（体験）軽井沢ガラスギャラリーアームス
- ▶自転車10分
- 2（見学）軽井沢タリアセン
- ▶自転車2分
- 3（見学）ムーゼの森
- ▶自転車5分
- 4（見学）軽井沢千住博美術館
- ▶自転車3分
- 5（カフェ）離山房
- ▶自転車6分
- 6（買い物）ツルヤ 軽井沢店
- ▶自転車30分
- ゴール　JR・しなの鉄道 軽井沢駅

軽井沢・プリンスショッピングプラザでうきうきショッピング♪

軽井沢駅南口はショッピングモールを中心としたリゾートエリア。
アウトレットでお得に買い物を楽しんで、1日遊び尽くしましょう。

池や芝生もあり、リゾート気分を満喫できる

軽井沢・プリンスショッピングプラザ《かるいざわ・ぷりんすしょっぴんぐぷらざ》

国内最大級の大型アウトレットモール

約26万㎡の敷地に、およそ240店舗が集まる巨大なアウトレットモール。服飾や雑貨のほか、ご当地グルメや信州みやげのショップも充実している。キッズやペット向けサービスもある。

☎0267-42-5211 住軽井沢町軽井沢 ⏲10～19時（季節により変動あり）休不定休（www.karuizawa-psp.jp/または電話で要確認）交JR軽井沢駅から徒歩3分 P約3500台（入庫後2時間まで無料、以降1時間ごとに100円。3万円以上の利用で終日無料）MAP P139C1

▲JR軽井沢駅から近く、帰りの新幹線の待ち時間で、ショッピングが楽しめるのも魅力

お役立ちプチ情報

ペットと楽しむ

ペット関連の店はツリーモールに集まるほか、ペット同伴で入店できる店も多い。ショップ入口のステッカーで確認を。施設内や芝生のひろばは、基本的にペットOK。ルールを守ろう。

ピックアップバス

モール内には、6カ所の停留所に停まる無料シャトルバスが運行している。ルートは2つあり、8時台～21時台まで30分おきに出発。モールの端から端まで歩くだけで、およそ15分はかかるので、バスを利用することで時間を有効に使って、ショッピングを満喫できる。

セール情報をチェック

年に数回、モール全体で割引率の高いセールが実施される。なかでも11月中～下旬に開催される「軽井沢・プラチナバーゲン」は最大のイベント。事前にHPなどで確認して出かけよう。

Free Wi-Fi

一部を除いて、無料でWi-Fiが利用できる。事前の登録などは不要で、利用規約に同意するだけでインターネットができる、ワンタップの接続方式を採用している。

※本誌掲載の店舗・商品は2023年3月のものです。店舗構成や掲載商品は変更になる場合がありますのでご注意下さい。

軽井沢の冬を鮮やかに彩るライトアップ

11～3月に行われるウインターイルミネーションは、軽井沢の風物詩。特徴的なシンボルツリーやカラフルに彩られる芝生など、約20万球のライトがショッピングモールを照らします。買い物をしながら、幻想的な光を楽しみましょう。特に池の水面にイルミネーションが映り込む景色は必見!

各エリアの特徴を知ろう 早わかりMAP

信州や東京の人気店がズラリ

1 軽井沢 味の街

信州の人気店をはじめ、和食、中華、イタリアンなど、多彩なラインナップの7店が軒を連ねる。1店舗のスペースがゆったりしており、落ち着いて食事を楽しめる。

8つの専門店の味を楽しめる

2 フードコート

ラーメンやお好み焼など、バラエティ豊かな8店舗が並ぶ。屋内の400席のほか、テラス席もあり、食事や休憩などカジュアルな雰囲気で気軽に利用できる。

ワインショップ・エノテカほか

3 センターモール

軽井沢駅から最も近いカフェやアクセサリー店、コンビニエンスストアなど、新幹線の待ち時間に立ち寄れる店が多い。インフォメーションもココにある。

コールマンショップほか

4 イースト

アウトドアやスポーティカジュアルの専門店が集まる。規模の大きな店舗が多く、ゆったり買い物できる。キャンプやスポーツ用品など、旅先で利用できるアイテムも。

アフタヌーンティー・リビングほか

5 ニューウエスト

国内外の人気ファッションブランドから雑貨まで勢揃い。眼鏡やキッチン用品などの専門店も充実しており、さまざまなジャンルのショップを一度に見られる。

イッタラ、ドッグデプト＋カフェほか

6 ツリーモール

海外のラグジュアリーブランドやセレクトショップが揃うモール。有名ブランドの出店も多く、ペット関連のショップやカフェも充実している。

フェラガモほか

7 ガーデンモール

ブルガリやフェラガモ、アルマーニなど、海外のハイブランドが集まるエリア。池を囲むように配置された店舗の雰囲気もゴージャスで、リゾート気分も満喫できる。

CA4LAほか

8 ニューイースト

国内外のセレクトショップやトレンドに敏感な若者に人気のブランドが並ぶ。1店舗でメンズ、レディース、キッズを揃える店も多く、カップルやファミリーで楽しめる。

サトウシューズスタジオほか

9 ウエスト

子ども服のブランドやおもちゃの店をはじめ、キッズやベビー用品を扱うショップなどが集まる。キッチン・インテリア雑貨、ドラッグストアなどもココにある。

信州みやげをまとめてGET!

10 スーベニアコート

ジャムの名店「沢屋」や漬物専門店「味蔵」など、軽井沢や信州の特産品を扱う8つの店が一つの建物内に集結。まとめておみやげを探すのに便利。

軽井沢・プリンスショッピングプラザでおしゃれアイテム探し

アウトレットではアパレルから雑貨までさまざまな商品を販売。
気になるお店をチェックして、お得に購入しましょう。

❶
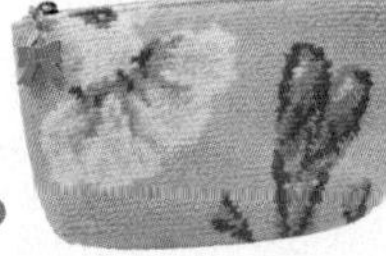

❷
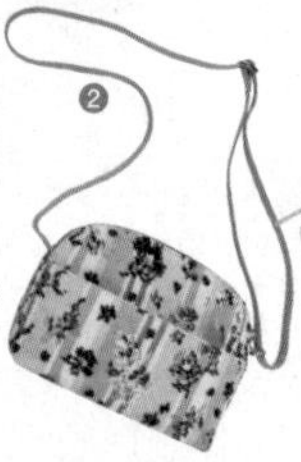

❸

❶チュチュドレスやバレエシューズがデザインされた化粧ポーチ ❷小花柄のショルダーバッグ。ショルダーベルトは調整ができる ❸インナーポーチ付きのショルダーバッグ。クリアバッグも単体で使える

センターモール

フェイラー ファクトリー アウトレット《ふぇいらー ふぁくとりー あうとれっと》

丈夫で長持ちする高品質ブランド

ドイツの伝統工芸、シュニール織の名門ブランド。美しい色柄とソフトな質感を生かしたハンカチや小物、バッグなどを展開。定番の花柄のほか、人気のシリーズも。

☎0267-46-8861 MAP P139C1

❹

❺

❹人気のスマホショルダー。旅行にもワンマイルスタイルにも大活躍。7700円 ❺コンパクトでありながら長財布、ペットボトルが入るサイズ感がうれしい。1万6500円

ニューウエスト

サマンサタバサ ネクストページ《さまんさたばさ ねくすとぺーじ》

トレンド感満載のバッグや小物がずらり

メインブランドの「サマンサタバサ」を中心に、小物、メンズ、ゴルフウェアも販売している。ベーシックアイテムからトレンド感あふれる商品まで豊富に揃う。

☎0267-42-1571 MAP P139C1

買い物途中にひと休み

ツリーモール 🐾OK

ドッグデプト+カフェ《どっぐでぷとぷらすかふぇ》

愛犬とくつろぎのひとときを

店内やテラス席で愛犬と一緒にランチやティータイムを過ごせるカフェ。ドッグランやドッググッズを取り揃えるショップも併設している。

☎0267-31-6610 🕒施設に準ずる（食事LOは閉店の45分前）MAP P139C1

▲専門店のソーセージを使ったホットドッグ1265円

▲ガラス越しにドッグランを望む明るい店内

センターモール 🐾NG

ミカド珈琲《みかどこーひー》

旧軽井沢の有名店が出店

厳選した豆を焙煎士が丁寧に焙煎し、1杯ずつドリップするコーヒー780円～とスイーツが味わえる。ミカド珈琲のモカソフト® 650円（テイクアウト480円）も人気。

☎0267-42-0549 🕒施設に準ずる（季節により変動あり。LOは閉店の30分前）MAP P139C1

▲一番人気のセット、ミニモカ&コーヒー1280円

▲淹れたてのコーヒーの香りが漂う店内。20席を備える

珍しい書籍専門のアウトレットにも注目！

「PAGES」は、日本初の本のアウトレットショップです。オールジャンル、児童書や洋書まで、すべて30～70%オフ。シックなカウンターで、隣接するTULLY'S COFFEEのコーヒーを楽しみながらの本探しもできます。

☎0267-31-5340 MAP P139C1

⑥

⑦

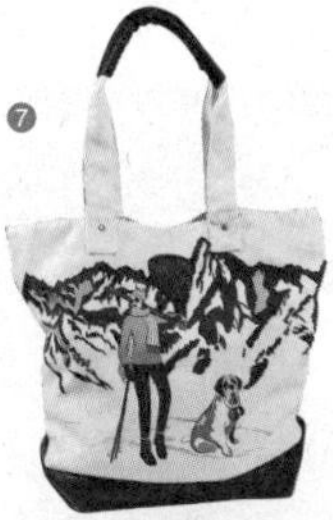

⑧

⑥ バラの花をモチーフにしたオーストリアALMGWANDのレディスフリースジャケット ⑦ ゲレンデやスキーをモチーフしたデザインが特徴。アメリカKRIMSON KLOVERのレディスバッグ ⑧ 薄手ながら防風性・保温性に優れたALMGWANDのメンズジャケット

ウエスト

ジローモンド《じろーもんど》

新作商品もいち早くセール価格で登場

ヨーロッパのブランドを中心にしたセレクトショップ。タウンウェアからシューズ、バッグ、スポーツウェアまで揃う。冬期はスノーウェアも充実している。

☎0267-42-8270 MAP P139C1

⑨

⑩

⑪

⑨ 3種類の生地を組み合わせたヘアバンド。キルトピンはオリジナルべっ甲風のピンを使用 ⑩ やや小ぶりなシルエットで、ちりばめられたニワトリの刺繍がポイントのベレー ⑪ 目が細かく繊細なナイロンメッシュのバケットハット。スカーフパーツは取り外しできる

ニューイースト

CA4LA《かしら》

メイド・イン・ジャパンの帽子を世界に発信

日本製のオリジナリティあふれる帽子を作り続けるブランド。国産のオリジナル商品を中心に、国内外でセレクトしたアイテムが500種類も並ぶ。

☎0267-42-5923 MAP P139C1

ニューウエスト　🐾OK（テラスのみ）

旬粋カレー工房《しゅんすいかれーこうぼう》／SANCH《さんち》

オリジナルカレーの専門店

長野県産のコシヒカリと、3段階の辛さから選べるカレーがよいコンビ。果物や野菜など断面映えのサンドイッチ店が隣接。

☎0267-42-5530 🕒施設に準ずる（季節により変動あり。LOは閉店の30分前） MAP P139C1

▲カツカレー1500円。サフランライスor白米が選べる

▲ベンチシートでゆったり。テラスはペットOK

イースト　🐾NG

らーめん《らーめん》 福栄《ふくえい》

こだわりの麺と信州味噌

信州産小麦を使用し、店内で製麺する自家製麺は、もちもちした食感で小麦本来のうま味が引き立つ。信州味噌をブレンドした特製味噌ダレに、豚骨、鶏ガラ、魚介から抽出した濃厚スープも味わい深い。

☎0267-41-2101 🕒施設に準ずる MAP P139C1

▲自家製麺を使った信州味噌ラーメン1000円

▲ゆったりとした店内で食事を楽しめる

軽井沢・プリンスショッピングプラザのおすすめグルメ＆おみやげ

ショッピングモールのお楽しみは、買い物だけではないんです。
人気のご当地グルメやおみやげをピックアップしてご紹介します。

グルメ

軽井沢 味の街 NG

御曹司《おんぞうし》 きよやす庵《きよやすあん》 軽井沢店《かるいざわてん》

高級店の味をカジュアルに提供

六本木と鎌倉に店舗がある高級和食店の姉妹店。ステーキのほか、信州牛を使った牛ひつまぶし3550円や信州牛カットステーキ＆ハンバーグ御膳など、豊富なメニューが揃う。

☎0267-31-0048 HPで要確認 MAP P139C1

▲2面ガラス張りの明るい店内。夜は気軽な居酒屋風

信州プレミアムステーキ御膳
5200円
信州プレミアム牛A5ランクの希少な肉を使用。甘みのあるやわらかな肉をわさび、藻塩、ステーキソースで味わう

▲店内にはご飯を炊くかまどが設置されている

ズワイ蟹のクリームコロッケ 果物と野菜の完熟ソース
2010円
ベシャメルソースから手作りした濃厚なクリームコロッケ。半熟卵をソースと絡めて食べるのもおすすめ

軽井沢 味の街 NG

門前洋食《もんぜんようしょく》 藤屋《ふじや》

老舗が手がける新スタイルの洋食

善光寺門前で店を構える人気イタリアン「THE FUJIYA GOHONJIN」から誕生。洋食に新しい要素を加えた新感覚の"ごちそう洋食"が味わえる。

☎0267-41-1800 HPで要確認 MAP P139C1

軽井沢 味の街 NG

中国料理《ちゅうごくりょうり》 月季花《ゆぇじーほぁ》

彩り鮮やかなほかほか小籠包

蒸したての小籠包とピリ辛がクセになる四川担々麺1100円～が名物。麺類や土鍋のほか、お酒に合う一品料理も充実している。紹興酒605円やグラスワイン638円など。

☎0267-41-6640 HPで要確認 MAP P139C1

▲内装は赤をモチーフにした中国風のインテリア

五色小籠包
1375円
フカヒレ、カニみそ、梅豚など、5種類の味が楽しめる。すべて自然の色で人工着色料は不使用

おみやげ

コインロッカーや宅配サービスを利用しよう

荷物が増えたときは、コインロッカーや宅配サービスが便利です。センターモールをはじめ、各所にコインロッカー（1回300円～）があります。宅配受付は、インフォメーションやコンビニエンスストアなどで扱っているので、フロアマップで場所を確認してみましょう。

② 紅玉りんごバター
1080円
パンにぬってトーストすればバターが効いたアップルパイ風にもできる

① フルーツソース
680円
ヨーグルトやアイスにかければ極上スイーツに。全部で13種類ある

① ドレッシング 和風醤油
421円
生醤油と椎茸をベースに果物のピューレをプラス。さっぱり風味で一番人気

② ナガノパープルジャム
1728円
信州生まれのブドウを皮ごと使い、粒の食感もおいしいジャム

③ まるごと林檎 紅茶バウムクーヘン
2117円
静岡県産の紅茶の茶葉を練り込んだ生地が風味豊か。中には信州産ふじりんごがまるごと入っている

④ バーニャカウダ
972円
ローストガーリックとアンチョビ風味。温野菜につけたり、パスタに絡めれば味の深みがアップ

④ 軽井沢チーズバーガー
432円
手作りで焼き上げたマドレーヌに、濃厚なチーズクリームをサンドした新食感スイーツ

⑤ あらぎりわさび
594円
わさび本来の味、辛み、食感が楽しめる国産の生わさび。肉料理と合わせても

⑤ 国産野沢菜漬
432円
国産の野沢菜を浅間山麓の水で仕込み、秘伝のタレで漬け込んだ自慢の一品。保存料・着色料不使用
※パッケージデザインは変更の可能性あり

① ニューウエスト

軽井沢ファーマーズギフト《かるいざわふぁーまーずぎふと》

軽井沢らしさを伝える商品が集結

ジャム、ソース、スイーツなど自然の恵みを使ったおしゃれな食品が揃う。

☎0267-41-1147 MAP P139C1

② スーベニアコート

沢屋《さわや》

旬の果物で作る無添加ジャム

国産の旬のフルーツを使ったジャムが人気。季節限定のジャムにも注目だ。

☎0267-41-0074 MAP P139C1

③ スーベニアコート

軽井沢《かるいざわ》 旬粋《しゅんすい》

信州の旬の味覚を粋にアレンジ

信州の季節の素材にこだわったオリジナル商品を中心に展開する。

☎0267-41-1114 MAP P139C1

④ スーベニアコート

軽井沢りぞーとまーけっと《かるいざわりぞーとまーけっと》

信州各地から名産品をセレクト

名店の伝統菓子から、限られた地域でしか販売していない隠れた名品まで揃う。

☎0267-41-2211 MAP P139C1

⑤ スーベニアコート

味蔵《あじくら》

自社工場から漬物を直送

信州の漬物工場直営店。漬物をはじめ、そばやジャムなど信州の名産品を扱う。

☎0267-42-8520 MAP P139C1

宅配便受付はインフォメーション、セブンイレブン、ファミリーマート、ガーデンモールの「ママのリフォーム」で行っています。

湖畔に広がるアートの森 軽井沢タリアセン

塩沢湖を中心に、移築・復元された歴史的建造物が点在しています。
湖畔の遊歩道を歩いてアート&カルチャーを楽しみましょう。

軽井沢タリアセン《かるいざわたりあせん》

湖畔に広がる芸術の森をのんびり散策しよう

ウェールズ語で「輝ける額」を意味する、自然とアートが融合した施設。緑に包まれながら、軽井沢の歴史ある建物や美術館を巡ろう。ボートなどのレクリエーションも充実。

☎0267-46-6161 住軽井沢町長倉217 ¥入園800円(美術館は別途) ⏰9～17時(冬期は変動あり) 休無休(冬期は不定休。美術館は展示入替時休館、要問合せ) 交JR軽井沢駅から車で10分 P180台(1回500円) MAP P138B2

▲遊歩道も整備されており、のんびり散策する人が多い

ヨーロッパの避暑地を思わせる風景

旧朝吹山荘《きゅうあさぶきさんそう》「睡鳩荘《すいきゅうそう》」

華やかな時代を彩った旧別荘

サガンの翻訳で知られるフランス文学者・朝吹登水子の旧別荘。建築家・W.M.ヴォーリズが設計した洋館で、サロン文化の象徴だった時代の調度品などが、そのまま保存されている。
¥軽井沢タリアセンの入園料に含まれる(特別展示は別途の場合あり)

1 移築前は二手橋北の矢ケ崎川沿いに立っていた 2 テラス席に座って湖畔の景色を眺めながら休憩しよう 3 多くの文化人が集ったサロンを再現。クラシックな家具が並ぶ

みどころをまわるならセット券がお得！

「深沢紅子野の花美術館」と「軽井沢高原文庫」は単独入館券で見学できますが、上記2館と「ペイネ美術館」に行く予定なら、3館セット券1600円（タリアセンの入園料込み）がお得です。

▲ペイネの写真や愛用品なども展示

▲ローゼンタール製12ヶ月マグカップ5400円

ペイネ美術館《ぺいねびじゅつかん》

愛らしいイラストを鑑賞

メルヘン調のイラストで有名なレイモン・ペイネの原画やリトグラフなど、約60点を展示。¥1000円

深沢紅子野の花美術館《ふかざわこうこののはなびじゅつかん》

草花の絵に癒やされる

軽井沢の草花を描き続けた深沢紅子の水彩画を中心に、油絵や本の挿絵、愛蔵品などを展示。アトリエも再現されている。¥600円

▲明治44年（1911）建築の旧軽井沢郵便局舎を移築した「明治四十四年館」に、深沢紅子野の花美術館がある

イングリッシュローズ・ガーデン《いんぐりっしゅろーずがーでん》

バラの香りに包まれて庭園散策

イングリッシュローズを中心に、珍しい品種のバラなど、約200種1800株が咲き誇る。6月中旬～7月上旬が見頃。

▶バラの香りを楽しみながらの散歩がおすすめ

軽井沢高原文庫《かるいざわこうげんぶんこ》

文豪たちの別荘や文学資料を展示

明治から昭和の時代に活躍した、軽井沢ゆかりの作家の直筆原稿や愛用品などを展示。敷地内には、堀辰雄や野上弥生子の別荘が移築されている。☎0267-45-1175 ¥入館800円

1 浄月庵。文豪・有島武郎の父が建てた洋館の別荘で、2階には直筆原稿などを展示 2 堀辰雄山荘。堀辰雄がアメリカ人から購入し、昭和16年（1941）から4年間、毎夏滞在した 3 野上弥生子書斎。昭和8年（1933）に北軽井沢に建てられた書斎兼茶室。多くの文人が訪れ、交流を図った

ボート《ぼーと》

湖上散歩を楽しんで

湖の中心から絵画のような美しい湖畔の風景を眺めよう。¥ペダルボート30分1200円～、手漕ぎボート30分700円

▲ペダルボートは4名まで乗船可能

「タリアセンショップ」では、オリジナルグッズやアートグッズ、「レストラン湖水」では、ビーフカレーなど洋食メニューが揃っています。

絵本とおもちゃの世界へようこそ ムーゼの森

「ムーゼの森」は南軽井沢の芸術の森にたたずむ2つのミュージアムの総称。
童心にかえって「絵本」と「おもちゃ」の世界に浸りましょう。

▲ピクチャレスク・ガーデンの先にある第1展示館

＼気になるグッズをCHECK！／

▲ピーターラビット™ウォッシュタオル715円

▲ピーターラビット™マスキングテープ2種。各550円

◀便利なA4サイズのピーターラビット™クリアファイル330円

軽井沢絵本の森美術館《かるいざわえほんのもりびじゅつかん》

童心にかえって
欧米の絵本の世界へ

欧米の古典絵本を中心に、近・現代の作家の絵本原画や初版本、資料など約6600点を収蔵。絵本図書館では約1500冊の図書を自由に閲覧でき、絵本作家紹介などの企画展も開催。四季折々の花が咲くガーデンも散策しよう。

☎0267-48-3340(ムーゼの森) 住軽井沢町長倉182 ¥入館950円(エルツおもちゃ博物館・軽井沢とのセット券は1400円) ◷9時30分～17時(3・4・11～1月10～16時) 休火曜(GW、7～9月は無休、1月中旬～3月中旬は冬期休館) 交JR軽井沢駅から車で10分 P200台 MAP P138B2

1 第1展示館では、主に19世紀から現代までの欧米絵本の歴史を紹介。第2展示館では企画展を開催 2「軽井沢の原風景」をコンセプトにしたピクチャレスク・ガーデン 3「グリム童話」「アンデルセン童話」「ピーターラビット™」などさまざまな切り口から絵本文化を紹介 4 主に欧米や日本の絵本が並ぶ絵本図書館。絶版になったものや希少本もあるので、ぜひ眺めてみよう

くるみ割り人形も待ってるよ!

エルツの庭「ポケットガーデン」

「エルツおもちゃ博物館・軽井沢」の建物前にある小さな庭は、ムーゼの森職員が心を込めて作った手作りのガーデンになっています。入館料なしで見学可能です。

▲広々としたメインの展示室。親子が対面して展示を見られるように工夫している。エルツ地方の歴史や文化をモチーフにした人形が多い

エルツおもちゃ博物館・軽井沢《えるつおもちゃはくぶつかん・かるいざわ》

300年の歴史をもつ 木工おもちゃの魅力を再発見

ドイツとチェコとの国境に位置する、エルツ山地の木工芸品を収集展示する博物館。木のおもちゃの歴史や仕掛けなどをわかりやすく紹介している。そのほかヨーロッパの知育玩具で遊べるコーナーもある。

☎0267-48-3340(ムーゼの森) 住軽井沢町長倉193 ¥入館750円(軽井沢絵本の森美術館/ピクチャレスク・ガーデンとのセット券は1400円) ⏰9時30分~17時(3・4・11~1月10~16時) 休火曜(GW、7~9月は無休、1月中旬~3月中旬は冬期休館) 交JR軽井沢駅から車で10分 P200台 MAP P138B2

気になるグッズをCHECK!

▲くるみ割り人形がモチーフのマグネット550円

▶花持つ女の子7144円

ココでひと息!

カフェ「ルーエ」

自然に囲まれながら、ティータイムやランチを楽しめる。夏はテラス席がおすすめ。入館料なしで利用できる。

DATA HPで要確認

▲ケーキセット950円では、ケーキ一切れと飲み物が付く

ムーゼの森MAP

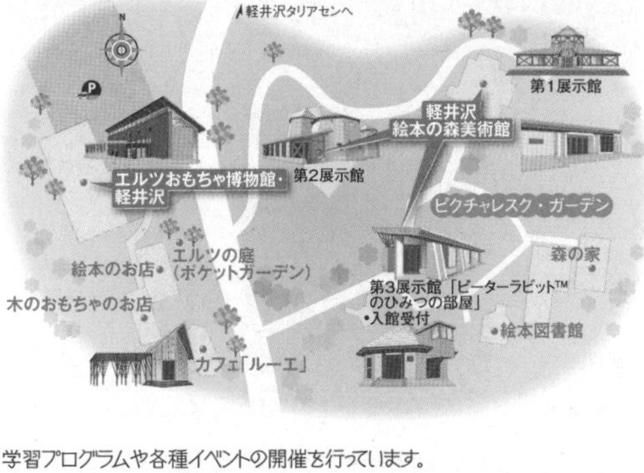

「軽井沢絵本の森美術館」の敷地内にある「森の家」では、学習プログラムや各種イベントの開催を行っています。

自然とアートが融合した 南軽井沢の個性派ミュージアムへ

緑豊かな南軽井沢には、自然と調和したアートスポットが点在。
森を散策しているような気分で芸術に浸りましょう。

軽井沢千住博美術館《かるいざわせんじゅひろしびじゅつかん》

幻想的な滝の世界にうっとり

世界を舞台に活躍する日本画家・千住博氏の作品を展示する美術館。代表作から最新作までの貴重な作品40数点を紹介する館内には、滝などの自然をモチーフに大胆かつ繊細なタッチで描いた、見ごたえのある作品が並ぶ。

☎0267-46-6565 住軽井沢町長倉815 ¥入館1500円 ⏲9時30分～17時（入館は～16時30分）休火曜（祝日、GW、7～9月は開館、12月26日～2月は冬期休館）交JR軽井沢駅から車で10分 P60台 MAP P138B1

1 自然と一体化した空間で作品を鑑賞 2 建築家の西沢立衛氏が設計 3 照明により昼夜が入れ替わる『デイフォール／ナイトフォール』

PROFILE
千住博（せんじゅひろし）
昭和33年（1958）東京生まれの日本画家、京都造形芸術大学教授。ニューヨークを拠点に幅広い活動を行い、世界各地で個展を開催。作品は国内外の主要美術館に収蔵されている。

『浅間山』2023年
千住博氏が長野を象徴する浅間山を描き下ろした新作。雄大かつ荘厳な自然の表情を千住氏ならではの手法で表現している。浅間山周辺と対峙する場所に展示されている

『星のふる夜に ♯7』1994年
星空の下をさまよう子鹿の物語を描いた絵本の原画。文字はなく絵のみで構成された本

※企画の内容によっては展示されていない場合もあります

＼ ココでひと休み ／

ブランジェ浅野屋《ぶらんじぇあさのや》 軽井沢千住博美術館店《かるいざわせんじゅひろしびじゅつかんてん》 NG

旧軽井沢銀座通りに本店がある老舗ベーカリー（☞P94）の直営店。ドリンク、ヨーグルトなどがセットになったタルティーヌ1540円が人気。
☎0267-46-0211 ⏲9～17時（季節により変動あり）休火曜（季節により変動あり、12月26日～2月は冬期休館）MAP P138B1

▲ハード系から惣菜パンまで種類豊富なパンが揃っている

世界で一つのガラスアートを作ってみましょう

「軽井沢ガラス工房」では、吹きガラス3850円（送料別）が体験できます。1200℃に熱した窯でガラスを溶かし、風鈴やフラワーベース、グラスなどを作りましょう。作品は翌日または宅急便で受け取りが可能です。

☎0267-48-0881 MAP P138B2

1 再現された西村伊作設計の建物、および庭園。建物は、2019年に軽井沢町の歴史的な価値をもつ建造物として軽井沢ブルー・プラークに認定

ル ヴァン美術館《る ゔぁんびじゅつかん》

芸術と教育の精神が生きる美術館

大正10年（1921）に開校した、文化学院ゆかりの美術館。学院の教育に携わった西村伊作や与謝野晶子、佐藤春夫らの書や絵画などを展示する。創立された当時の校舎を再現した英国コテージ風の建物にも注目。

☎0267-46-1911 住軽井沢町長倉957-10 ¥入館800円 ⏰6月初旬～11月初旬の10～17時（最終入館16時30分）休水曜（8月1日～9月15日は無休、11月初旬～6月初旬は冬期休館）交JR軽井沢駅から車で15分 P40台 MAP P138A2

2 常設展のほか、毎年企画展も開催

＼ ココでひと休み ／

▲浅間山を望むカフェを併設。自家製ハンバーグ1580円

1 平成19年（2007）に国の登録有形文化財に指定された「三五荘」。本館へ向かう苔むした並木道や庭園もゆっくり散策しよう

中央工学校《ちゅうおうこうがっこう》 南ヶ丘倶楽部《みなみがおかくらぶ》 南ヶ丘美術館《みなみがおかびじゅつかん》「三五荘《さんごそう》」

財界人の別荘だった古民家も必見

近代絵画から陶芸などの古美術まで、幅広い年代の作品を展示している。敷地内にある、江戸時代末期の豪農屋敷「三五荘」は、実業家の原田六郎によって山梨県から移築されたもの。

☎0267-42-4884（南ヶ丘倶楽部）住軽井沢町軽井沢1052-73 ¥入館700円（夏期はドリンク付で1000円）⏰10～17時（入館は～16時）休不定休（7月下旬～8月は無休）交JR軽井沢駅から車で5分 P30台 MAP P138B1

2 アメリカの画家、ワイエスの作品も収蔵

＼ ココでひと休み ／

▲三五荘の地下にある茶房。食事は夏期のみ提供

※茅葺き屋根の葺き替え中のため、2024年4月下旬（予定）まで、三五荘、茶房の利用は不可、美術館のみ見学可。要問合せ

カフェ激戦区で見つけた絶品スイーツ自慢のカフェへ

カフェ文化が浸透している南軽井沢には、多くの個性派カフェが点在。とっておきのスイーツを味わいに訪れてみましょう。

森のカフェ《もりのかふぇ》 軽井沢南ヶ丘《かるいざわみなみがおか》

OK（テラスのみ）

別荘地にたたずむ、環境にやさしい週末カフェ

ドイツ生まれの厳しい省エネ基準をクリアした、人と環境にやさしい家「パッシブハウス」のリビングを利用し、週末だけオープン。ハンドドリップで淹れるコーヒーやフードディレクター監修の料理とスイーツなど、こだわりの味を提供する。

☎0267-46-8784 住軽井沢町軽井沢1052-662軽井沢南ヶ沢パッシブハウス 営金曜12時～16時30分（16時LO、土・日曜10時～）休月～木曜（日曜に連続する祝日は営業） 交JR軽井沢駅から車で5分 P5台 MAP P138B1

▲野鳥やリスが遊びにくる森を眺められるテラス席。鳥のさえずりをBGMに食事を楽しんで（左）。薪ストーブやアートブックが並ぶ本棚が置かれたくつろぎの空間（右）

いちごのパブロバ＆ドリンクセット 1600円

サクサクメレンゲと、ふわっとろっのクリームが季節のフルーツと一体になった大人気スイーツ

離山房《りざんぼう》

OK（テラスのみ、多頭・大型犬・ドッグカートは不可）

ジョン・レノンが通ったカフェ

昭和52年（1977）創業、ジョン・レノン一家が好んで訪れたカフェとして有名。一家がくつろいだあずま屋も残る。店内に飾られた貴重な当時の写真は、ファン垂涎もの。ブルーベリージュースは昔からの人気メニューだ。

☎0267-46-0184 住軽井沢町長倉820-96 営10～17時（16時LO）休水曜（臨時休業あり）、12～3月（冬期休業） 交JR軽井沢駅から車で10分 P7台 MAP P138B1

▶ブルーベリージャムとメープルシロップを添えた懐かしい味わいのホットケーキ

バニラアイス

ジョン・レノンや文豪たちも絶賛した極上のバニラアイス。手作りブルーベリーソース添え

◀テラスから見える雑木林の中には、レノン一家が好んだあずま屋がある

フルーツアイス付
アップルパイ＆
コーヒーセット…1260円
自家製アップルパイは
食感を残したリンゴが
たっぷり入っている

▲緑豊かな湯川沿いのテラス席で癒やしのひとときを楽しめる（上）。軽井沢に縁のあるアーティストの作品を月替わりで展示（下）

NONE cafe 軽井沢《のね かふぇ かるいざわ》 OK（テラスのみ）

季節の移ろいを感じられるカフェ

湯川沿いの隠れ家的カフェ。オーナー自らが、新鮮な生豆を焙煎したコーヒーを楽しめる。四季折々の景色が美しいテラス席では、リスや野鳥に出合えることも。

☎090-7119-2637 住軽井沢町長倉2778-15 ⏰10～16時 休火～木曜 交しなの鉄道中軽井沢駅から徒歩15分 P6台 MAP P138B1

カスタードクリーム
洋梨添ぇ
1150円
濃厚なカスタードに洋梨の
酸味がほんのり利いている。
コーヒー付き

ふりこ茶房《ふりこさぼう》 NG

森の木立に囲まれた喫茶店

ログハウス風の喫茶店。夏場は大きな窓を外し、さわやかな風が吹き抜ける空間に。3～4種類ある自家製スイーツは甘さ控えめ。深煎りコーヒー550円とともに味わおう。

☎0267-48-0550 住軽井沢町発地848-2 ⏰11時～16時30分LO 休木曜（1月中旬～3月中旬は休業） 交バス停馬取から徒歩5分 P10台 MAP P138B3

▲心地よい風が吹き抜けるテラス席

軽井沢
スコーンセット
1580円（変更の場合あり）
カフェ自慢の手作りスコーンは、ほんのり香ばしく、サクサクとした食感

▲庭に面した開放感たっぷりのテラス席。裏手にある「妖精の棲む森」の散策もおすすめ（上）。店内には内田康夫愛用のピアノを設置。自由に弾ける（下）

ティーサロン 軽井沢の芽衣《てぃーさろん かるいざわのめい》 OK（テラスのみ。サンルームは小・中型犬のみ）

妖精が現れそうな森の一軒家カフェ

作家の内田康夫・早坂真紀夫妻ゆかりのティーサロン。10数種類以上揃うポットサービスの紅茶1000円（変更の場合あり）とスイーツを味わいながら、自然林を望む広々としたテラス席でくつろげる。

☎0267-48-3838 住軽井沢町発地1293-10 ⏰11時～15時30分LO（夏期10時30分～16時30分LO） 休火・水曜（祝日の場合は営業、夏期は水曜のみ、11月～4月下旬は休業） 交JR軽井沢駅から車で10分 P20台 MAP P138B2

「ティーサロン 軽井沢の芽衣」では、内田康夫おすすめのドライカレーが隠れた人気メニューです。

四季折々の草花に癒やされるナチュラルガーデンを歩きましょう

軽井沢高原周辺には、さまざまな植物が生育しています。
色鮮やかな草花に癒やされながら自然散策してみませんか。

▶色とりどりのバラが咲くアーチは、6〜7月ごろに見られる

軽井沢レイクガーデン《かるいざわれいくがーでん》

水辺と西洋庭園が織りなす美景

バラと緑のアーチが美しいイングリッシュローズガーデンなど、湖を中心とした8つのエリアからなるナチュラルガーデン。四季折々の草花が咲き誇り、春から秋にかけては、多種多様なバラやクレマチス、シュウメイギクなどが見られる。

☎0267-48-1608 住軽井沢町レイクニュータウン ¥入園1000円（6月16日〜7月9日のローズシーズンは1500円） ◷4月21日〜11月5日の9〜17時（変動あり） 休期間中無休 交JR軽井沢駅から車で10分 P250台 MAP P138B3

▶彩り豊かな花で飾られた噴水が、庭園の入口に設けられている

軽井沢町植物園《かるいざわまちしょくぶつえん》

湿地や傾斜を利用して植栽

軽井沢高原に自生する植物を中心に、約150科1600種類の樹木や草花を植栽。類似植物の比較ができるよう配置され、約2万m^2の敷地内には観察通路が整備されている。

☎0267-48-3337 住軽井沢町発地1166 ¥入園100円 ◷9〜17時（入園は〜16時30分） 休無休（12月26日〜3月31日は休業） 交JR軽井沢駅から車で15分 P20台 MAP P138B2

▲軽井沢の自然環境をよく学べる。野鳥に出合うこともしばしば

▶8〜9月上旬に見頃を迎えるミナヅキも見事（左）。6月上旬〜中旬に咲くサンショウバラ。花が咲き始めると、周囲は香りに包まれる（右）

※その年の天候状況により、開花時期は、ずれることがあります。

ココにも行きたい！

南軽井沢のおすすめスポット

軽井沢ガラスギャラリー アームス《かるいざわ がらすぎゃらりー あーむす》

カラフルなとんぼ玉作りにチャレンジ

ガラスを使った制作体験ができる。ガラス棒をバーナーで溶かして丸め、ハートや水玉模様を描く、とんぼ玉作りは2200円～。完成品は、ビーズや紐（材料費別途）を付けてアクセサリーにできる。火を使う体験は、宇宙ガラス®7700円～やマドラー3300円～も人気だ。DATA☎0267-48-3255 住軽井沢町長倉664-6 時9～18時 休不定休（7・8月は無休）交JR軽井沢駅から車で8分 P30台 MAP P138B2

霧下織工房《きりしたおりこうぼう》

天然染料による鮮やかな藍染め

植物性の染料を使った、藍染め体験（4～10月限定）ができる。グラデーションや花柄など、好みの模様にハンカチ1000円～や、ストール3000円～を染めよう。所要時間は30～90分。DATA☎0267-48-3183 住軽井沢町発地1216-5 時10～17時（前日までに要予約）休水・木曜（祝日の場合は営業、7月下旬～8月下旬は無休）、11～3月は物販のみ 交JR軽井沢駅から車で15分 P7台 MAP P138B2

レストラン メリ・メロ《れすとらん めり・めろ》

OK（テラスのみ）

ランチ、ディナーともに、おまかせコースのみ

長野県産食材をたっぷり使ったフランス料理と厳選したワインを味わえる。ランチ（オードヴル、パスタ、スープ、メイン料理など）は4600円、ディナー（オードヴル2品、メイン料理、シメの炊き込みご飯など）は7600円。DATA☎0267-41-0345 住軽井沢町長倉747-12 時11時30分～14時LO、17時30分～20時LO 休木曜（不定休）交JR軽井沢駅から車で10分 P8台 MAP P138B1

押立茶房《おしだてさぼう》

NG

軽井沢の朝カフェの元祖

8月には7時から開店する老舗喫茶店。ハムエッグにトースト、サラダ、ドリンクが付くブレックファースト900円が、別荘族やゴルフ客に愛されている。ソースかつ重も人気。早起きをして、作りたての朝食をどうぞ。
DATA☎0267-48-1160 住軽井沢町南軽井沢1 時8～15時（夏期7時～）休水曜（夏期は無休）交JR軽井沢駅から車で10分 P20台 MAP P139C3

Forest Cosmos《ふぉれすと こすもす》

OK（テラスのみ）

絵画とスイーツに癒やされる

コスモスを題材に描き続ける画家あらきゆみ&天 紫生のギャラリーカフェ。店内には約50点の絵画を展示。幻想的な絵画に囲まれながら、オリジナルスイーツ605円～をいただこう。森の木立が目の前に広がるテラス席もおすすめ。DATA☎0267-44-6540 住軽井沢町長倉193-143 時10～17時 休不定休（要問合せ）交JR軽井沢駅から車で12分 P10台 MAP P138B2

丸山珈琲 軽井沢本店《まるやまこーひー かるいざわほんてん》

OK（テラスのみ）

コーヒー通が足繁く通う名店

オーナーが世界のコーヒー産地を訪れて厳選した高品質豆を使用している。20種類近くのコーヒーは、素材本来のおいしさを楽しめるよう、フレンチプレスで丁寧に淹れる。丸山珈琲のブレンド660円を、完熟バナナとクルミのケーキ620円などと味わいたい。DATA☎0267-42-7655 住軽井沢町軽井沢1154-10 時10～18時 休火曜 交JR軽井沢駅から車で5分 P15台 MAP P139C1

軽井沢発地市庭《かるいざわほっちいちば》

鮮度抜群のご当地マルシェ

町内最大級の農産物直売所。地産地消の取り組みのなかで生まれた希少な軽井沢産そば粉を使用したそば店、海外でも多くの賞を受賞しているナチュラルチーズを作り40年の老舗チーズ店など軽井沢ならではの店舗も充実。DATA☎0267-45-0037（代表）／0267-45-4455（直売所）住軽井沢町発地2564-1 時9～17時 休無休（冬期は水曜）交しなの鉄道中軽井沢駅から車で10分 P147台 MAP P138A2

軽井沢NAGAYA《かるいざわながや》

長屋をリノベーションした商業施設

南軽井沢の別荘地・レイクニュータウン内にある、社員寮だった長屋をリノベーションした商業施設。世界中の花にまつわる古本のみを集めた「Flower books gallery」など、個性的なショップやカフェ、ギャラリーなどが軒を連ねる。DATA☎なし 住軽井沢町ニュータウン内 時休店舗によって異なる 交JR軽井沢駅から車で10分 P250台 MAP P138B3

白ほたる豆腐&カフェ《しろほたるとうふあんどかふぇ》

素材にこだわった手作り豆腐

自家栽培した無農薬の大豆をはじめ、厳選した国内産大豆を使い、天然水で作る豆腐が評判。隣接するカフェのショーケース内で販売している。もめん豆腐にニンジンやシイタケなどの具材を贅沢に混ぜた「白ほたるがんも」は5個390円。DATA☎0267-41-0245 住軽井沢町発地1712 時10～15時（売り切れ次第閉店）休月・木曜 交JR軽井沢駅から車で20分 P8台 MAP P138B3

これしよう！

軽井沢高原教会は見学ウェルカム～

日曜礼拝や季節ごとのイベントが広く親しまれている軽井沢高原教会（☞P64）。

これしよう！

豊かな自然に包まれてフゥ～～♨

立ち寄りの湯 軽井沢千ヶ滝温泉（☞P69）で四季折々の自然を眺める湯浴み。

これしよう！

人気のハルニレテラスでお買い物＆グルメさんぽ

木々に囲まれておしゃれな店がレイアウトされたハルニレテラス（☞P58）。

豊かな自然のなかで美術館や教会の魅力を堪能

中軽井沢

なかかるいざわ

軽井沢野鳥の森（☞P66）で多くの動植物に遭遇

こんなところ

浅間山麓に軽井沢野鳥の森、千ヶ滝など豊かな自然が広がり、日帰り入浴できる天然温泉もある。美術館や教会見学、こだわりのショップめぐりなど、落ち着いた観光にぴったりのエリア。自然に溶け込んだショッピング＆グルメスポットのハルニレテラスは中軽井沢の名所となっている。

access

●星野エリアへ
軽井沢駅からしなの鉄道で5分、中軽井沢駅下車。星野エリアまでは徒歩20分、または西武観光バスで4分、星野温泉トンボの湯下車。
軽井沢駅から西武観光バスで約20分、星野温泉トンボの湯下車。

問合せ
☎0267-45-6050
軽井沢観光案内所/くつかけテラス内

広域MAP P141

～中軽井沢　はやわかりMAP～

深い森の中に立つセゾン現代美術館

庭園にも彫刻作品が。現代アート好きなら必見（☞P65）。

谷の集落に滞在型温泉旅館が

非日常の空間、星のや軽井沢（☞P100）では時を忘れそう。

美食自慢のホテル

館内各店の味に定評がある、星野リゾート軽井沢ホテルブレストンコート（☞P102）。

観光のヒント

星野エリアでは季節ごとのイベントが楽しめます

星野エリア（ハルニレテラス、星野温泉トンボの湯、軽井沢高原教会）では、さまざまなイベントを開催予定。

おすすめコースは

4時間30分

軽井沢駅からバス、または中軽井沢駅からタクシーで星野エリアへ。美術鑑賞の後は信州の食材たっぷりの和食を。ラストはトンボの湯の美肌の湯で、旅の疲れを癒やそう。

スタート　星野温泉トンボの湯
▶ 徒歩5分
1 見学　軽井沢高原教会
▶ 徒歩10分
2 見学　田崎美術館
▶ 徒歩10分
3 食事処　村民食堂
▶ 徒歩5分
4 買い物　ハルニレテラス
▶ 徒歩12分
5 見学　軽井沢野鳥の森（内回り1周70分）
▶ 徒歩5分
6 立ち寄り湯　星野温泉 トンボの湯
▶ 徒歩3分
ゴール　星野温泉トンボの湯

木洩れ日あふれるハルニレテラスで至福のランチ&カフェタイム

ハルニレの木立に囲まれた湯川沿いの小さな街、ハルニレテラス。
自然と調和するスペースで信州グルメを堪能しましょう。

▲木立の間から差す木洩れ日が心地よい

ハルニレテラス《はるにれてらす》

自然と文化が調和する小さな街

清流沿いに自生するハルニレの木立の中、ショップ&グルメエリアが広がる。「軽井沢の日常」をコンセプトにした16店舗が集まり、別荘族やリピーターにも人気。

☎050-3537-3553 住軽井沢町星野 ◷店舗により異なる 休無休 交バス停星野温泉トンボの湯から徒歩2分 P250台 MAP P141D2

◀軽井沢のセンスが集まる注目スポットは、中軽井沢エリアの中心だ

お昼寝デッキ

湯川に下りる階段近くにある自由に使える昼寝デッキ。日だまりのなかで癒やしの時間を過ごそう。

カフェテラス

ハルニレの木が自然に伸びるさまをそのまま生かし、1階と2階に分かれたウッドデッキを設置。テーブルと椅子が置かれており、ひと休みできる。

林の中の遊歩道

星野温泉 トンボの湯(☞P68)までの湯川沿いの遊歩道。木立に囲まれているので、夏でも涼しく、買い物途中の小散歩にぴったり。

色鮮やかな傘が梅雨空を彩るイベント

「軽井沢アンブレラスカイ」は、ハルニレテラスの街並みをカラフルに彩る傘のアートイベント。雨の日も晴れの日も、空を見上げて晴れやかな気分になれるように、約100本の傘が頭上に浮かび、毎年6月上旬～7月中旬の8～22時(ライトアップ18時～)に行われます。

レストラン & カフェ

カフェ&ブックス　🐾OK（テラスのみ）

丸山珈琲《まるやまこーひー》

本を片手にコーヒーを

世界各地から厳選して買い付けた高品質のコーヒーが楽しめるブック&カフェ。本に囲まれた静かな店内でのんびりできる。

☎0267-31-0553 🕒9～19時（季節により変動あり）休無休(冬期臨時休業あり)

ハルニレテラスブレンド 715円

やさしい甘さとなめらかな味わいが特徴

◀1杯ずつ丁寧に抽出するなど淹れ方にもこだわる

ベーカリー&レストラン　🐾OK（テラスのみ）

ベーカリー&レストラン《べーかりーあんどれすとらん》 沢村《さわむら》

焼きたてのパンと欧風料理が味わえる

店内で焼き上げた自家製酵母のパンが並ぶ。ベーカリーでは焼きたてのパンが味わえるほか、レストランでは豚のローストやパスタなど、ワインに合う料理が充実している。

☎0267-31-0144 🕒ベーカリー7～21時、レストラン7～21時LO(季節により変動あり) 休無休

◀店内には香ばしいパンの香りが漂う

SAWAMURA特製チーズバーガー 1958円

自家製バンズにジューシーな100%ビーフパティを挟んでいる

イタリアン　🐾OK（テラスのみ）

イル・ソーニョ《いる・そーにょ》

こだわり野菜のイタリアン

石窯で焼き上げるピッツァや創作パスタが人気のイタリアン。季節のバーニャカウダなど野菜が主役のメニューが揃う。

▲内装が目を引く店内

☎0267-31-0031 🕒11～21時LO（季節により変動あり）休無休

軽井沢フレッシュトマトと水牛モッツァレラチーズのマルゲリータ 2508円

新鮮なトマトを濃厚モッツァレラチーズと一緒に

中国家庭料理　🐾OK（テラスのみ）

希須林《きすりん》

素材を生かした中国家庭料理

野菜をたっぷり使い、化学調味料や油を極力控えた、やさしい味の中国家庭料理を提供。人気の坦々麺をはじめ、昔ながらの酢豚や麻婆豆腐が味わえる。

▲本場四川の青山椒を使用した土鍋の麻婆豆腐1480円も人気メニューの一つ

☎0267-31-0411 🕒11時～14時30分LO、17時30分～21時LO(季節により変動あり) 休無休

担々麺 1380円

ゴマの風味と特製ラー油のピリ辛が後を引くおいしさ

ハルニレテラスの個性派ショップで ハイセンスなおみやげ探しを

一点もののアート作品から北欧雑貨、スイーツetc…
軽井沢らしい個性がキラリと光るおみやげを見つけましょう。

ライフスタイルショップ

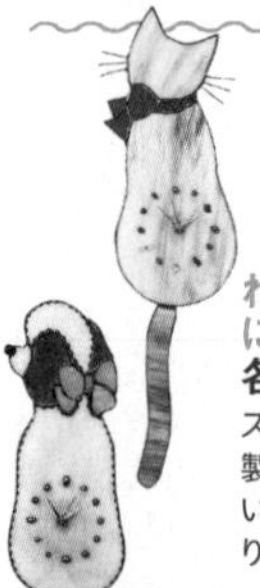

わんこ にゃんこ時計
各2万円
ステンドグラス製の時計。かわいいしっぽの振り子が時を刻む

泥彩マグカップ
各4800円
ふた付きのマグカップ。レンジ・食洗機対応で便利

ギャラリー

ギャラリー樹環《ぎゃらりーじゅかん》

一点もののアート作品が並ぶ

ガラス・木工・陶芸など、素材に注目した工芸品が揃う。アーティストとコラボしたオリジナル作品の展示販売のほか、ワークショップも開催。

☎0267-31-0023 🕒10～18時(季節により変動あり) 休無休

▲小物から家具やファブリックまで多彩なラインナップ

木製品

我蘭憧《がらんどう》

温かみのある木製品たち

やさしい手ざわりの木製品を専門に取り扱う。ヨーロッパ各地から集めた木のおもちゃや雑貨、食器などを販売するほか、オーダーメイドの注文も可能。

☎0267-31-0036 🕒10～18時(季節により変動あり) 休無休

▲温かみのある店内は見ているだけで楽しい

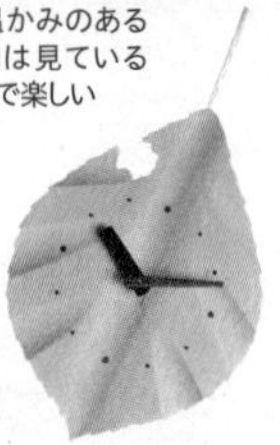

木彫りの時計
1万3100円
ハルニレの葉の形をした時計など、長野県在住の作家がひとつひとつ手作りで仕上げる

コースター
Mサイズ1320円、Lサイズ1980円
木目のナチュラルな模様が魅力。ハルニレの葉やリンゴの形など、おみやげにぴったり

北欧雑貨

NATUR《なちゅーる》 terrace《てらす》

洗練された北欧アイテムが揃う

「美しい暮らし」をテーマに北欧の生活用具や手芸材料を取り揃える。県内を中心とした作家とのオリジナルアイテムも充実している。

☎0267-31-0737
🕒10～18時(季節により変動あり) 休無休

▲人気商品は売り切れてしまうこともあるのでお早めに

オリジナルバッグ
1万8700円～
スウェーデン製のテキスタイルなどを使用している

寝具

TEAM7《てぃーむせぶん》 軽井沢《かるいざわ》

自然素材で快適な睡眠を提案

自然素材を使ったベッドや枕などの寝具で、心地よい眠りのスタイルを提案する専門店。綿や麻など最上の素材を使用した衣類やボディケア商品なども取り揃えている。

☎0267-41-6057 🕒10～18時(季節により変動あり) 休無休

▲自然素材にこだわったアイテムが並ぶ

羊毛ルームシューズ
1万2650円～
通年快適に過ごせる、履き心地のよい自然素材のルームシューズ

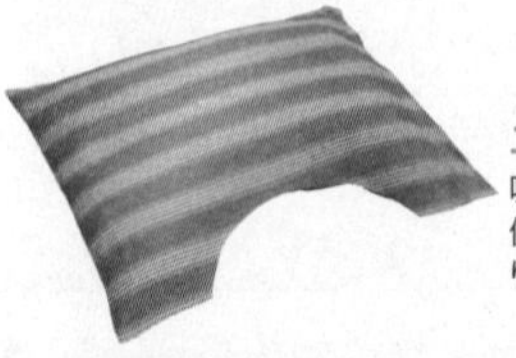

エルゴ枕 3万9600円
吸水性に優れ、通年快適に使用できる。カバーは別売りで6600円～

まだまだあります
ハルニレテラスの
おすすめショップ

「HARVEST NAGAI FARM」は、浅間山麓にある永井農場直営のジェラート店。農場直送の新鮮な牛乳と果物、野菜を使用し、毎日手作りしています。人気のピュアミルクのほか、年間約40種類ものフレーバーが登場し、ジェラートはダブルで550円です。
☎0267-31-0082

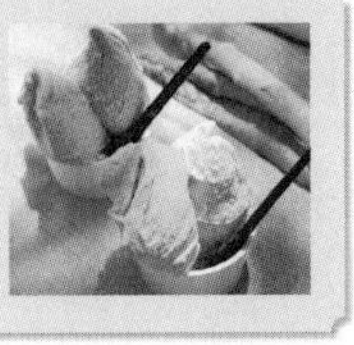

グルメみやげショップ

花豆クリームどらやき
1個270円
花豆餡を混ぜた特製クリームが挟まれている。花豆の甘露煮もごろごろ入っている

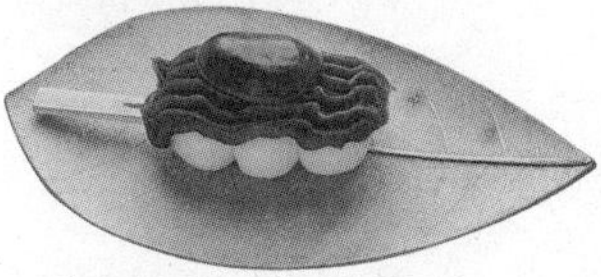

花豆だんご 1本238円
五郎兵衛米という幻の米を使っただんご。餡にも野辺山高原の山麓で栽培された「森の花豆」を使用

軽井沢はんじゅくチーズ
1個173円
店を代表する洋菓子。しっとりやわらかな食感でチーズの風味豊か

菓子処

和泉屋《いずみや》 傳兵衛《でんべえ》
信州らしい素材を使った和洋菓子

大正9年（1920）の創業以来、地元で愛される老舗菓子店。花豆やクルミなど、信州の素材を使った和洋菓子が並ぶ。健康に配慮した創作菓子にも注目だ。

☎0267-31-0811 🕒10～18時（季節により変動あり）休無休

▶和洋のジャンルにとらわれない、新しいスイーツを展開

信州産ブルーベリージャム
135g950円
完熟ブルーベリーを使用し、果物の食感を残して作った、甘さ控えめのジャム

野菜につけるとおいしいディップ（梅カツオ）
125g680円
マヨネーズをベースにした梅カツオ味のディップ。野菜との相性抜群。ネギゴマ風味もある

きのこ醤油バター
240g1080円
シメジ、マイタケが入った食感が楽しいパスタソース。オムレツソースとしても◎

食料品

Karuizawa《かるいざわ》 Vegetable《べじたぶる》 ココペリ《ここぺり》
信州フードのセレクトショップ

軽井沢で農園を営むオーナーが、自社栽培の野菜、ジャムや調味料、ソースなどのオリジナル商品を販売。新鮮な野菜や果物を使ったスムージー540円～もおすすめ。

☎0267-46-4355 🕒10～18時（季節により変動あり）休無休

▶オリジナル商品からセレクトアイテムまで信州の味覚が揃う

季節野菜のピクルス
450g1920円
大きめにカットした旬の野菜を自家製のビネガーでピクルスに。ワインのおつまみにもぴったり

ラ・フランスジュース
180mℓ300円
ラ・フランスを贅沢に使ったジュース。旬のラ・フランスのフレッシュな味わいを堪能できる

軽井沢メープルシロップ
125mℓ1290円
軽井沢産とカナダ産のカエデ樹液をブレンド。まろやかでコクのある風味で幅広いスイーツに合う

デリ・ワイン

CERCLE《せるくる》 wine《わいん》 &《あんど》 deli《でり》 Karuizawa《かるいざわ》
豊富なワインと地元食材加工品

信州ならではの素材を使ったフレンチデリと約300種類のワインが揃う。コンフィチュールをはじめ、ギフト向けにセレクトされたアイテムも充実。レストランも併設している。

☎0267-31-0361 🕒10～20時LO（季節により変動あり）休無休

▶デリやワイン（グラスチャージ500円）はイートインOK

11月下旬～12月25日はハルニレテラスが光の街に。クリスマスグッズなども販売しています。

ゆったりとした時間が流れる カフェの名物メニューでひと休み

緑が色濃く残る中軽井沢でのブレークタイムは
肩の力を抜いてホッとできる、居心地のよいカフェへ。

▶サロンで優雅なひとときを過ごせる

デギュスタシオン 1947円

6種類の一口サイズケーキの盛り合わせ。内容は日替わりで定番や季節のケーキが楽しめる。サロン限定

pâtisserie Sadaharu AOKI paris アトリエ軽井沢《ぱてぃすりー さだはる あおき ぱり あとりえかるいざわ》

OK(サロンのみ)

サロンで出合える洗練されたスイーツたち

パリを拠点に活躍するパティシエ・青木定治氏がコンフィチュールを製造していたアトリエに、パティスリーとサロンを併設。軽井沢のイチゴを使用した「タルト フレーズ ア ラ ピスタッシュ」1058円をはじめ、軽井沢限定商品が話題。

☎0267-41-6817 住軽井沢町長倉2475-9 ⏲10～17時（サロンは11時～16時15分LO） 休不定休 交JR軽井沢駅から車で7分／しなの鉄道中軽井沢駅から徒歩20分 P10台 MAP P141D3

Pâtissier

青木定治《あおきさだはる》氏

渡仏し数々の名店で修業を積んだのち、パリに自身の店を開店。2023年2月現在パリに5店舗、日本に9店舗自身の店を持つ。

名パティシエが手がける絶品パティスリーに舌鼓

軽井沢苺のタルト 680円

甘酸っぱい軽井沢の農園でとれた朝摘みイチゴを使ったタルト。ケーキに合う豆を特別に焙煎したコーヒーと一緒に味わって

Pâtissier

丸山敬寛《まるやまたかひろ》氏

フランスの星付きレストランで腕をふるったのち、2022年7月に長年の夢だった軽井沢で自身の店を開いた。

◀2022年7月にオープンしたカフェ&パティスリー

La pâtisserie TAKAHIRO MARUYAMA《ら ぱてぃすりー たかひろ まるやま》

OK(テラスのみ)

季節感あふれる華やかなタルトにうっとり

フランスの2ツ星レストランでシェフパティシエを務めた丸山敬寛氏が手がける地元の素材を使ったケーキやキッシュが揃う。パリのような雰囲気が漂う店内でイートインした後は、焼き菓子をおみやげとして持ち帰りたい。

☎0267-34-0788 住軽井沢町長倉2055-4 ⏲10～18時 休火曜、ほか不定休 交JR軽井沢駅から車で5分／しなの鉄道中軽井沢駅から徒歩22分 P5台 MAP P136A3

自然のなかで おいしい コーヒーを焙煎

「軽井沢焙煎所 Café Sucré innocent coffee」は、常時20種類のコーヒー豆を焙煎・販売するカフェ併設の焙煎所。店内では、カフェインレス＆スペシャルティコーヒーや自家製スイーツ、軽食が味わえます。
☎0267-31-0976 MAP P141D3

Coffee House Shaker《こーひー はうす しぇーかー》

OK(テラスのみ)

居心地バツグン、木立の中に立つ隠れ家カフェ

19世紀にアメリカで発展したシェーカースタイルの家具で統一された、地元で人気のカフェ。地元産の野菜やフルーツなどを用いたメニューを揃え、いずれも素材本来の味を生かしたシンプルな味付けだ。

☎0267-45-8573 住軽井沢町長倉3460-16 ◷10～18時(冬期は～17時30分) 休水曜 交しなの鉄道中軽井沢駅から徒歩10分 P4台 MAP P141C3

▶白亜の建物は、店主自ら設計した

▲軽井沢トースト950円。デニッシュパンを使っていて、デザートとして楽しみたい

▲窓から光が差し込み居心地のよい雰囲気

シェーカーバーガー チーズ 1400円

信州味噌を使った特製ソースと特注のバンズがおいしさのヒミツ

名物カフェの看板メニューでランチタイム

OBENTOランチ 3000円

6種類の前菜とメイン料理にドリンクも付いたランチセット。「熊野ひのき」のお重も楽しい。限定30食なので注意

◀セゾン現代美術館内にある。カフェのみの利用は入館料無料

カフェ・ヤマアラシ《かふぇ・やまあらし》

NG

庭園を望むカフェでアートにふれる

アラビカ京都と共同開発したオリジナルのセゾンブレンド820円や、希少なマシンで抽出するエスプレッソドリンクなどを提供する。店内にはアート関連の本が並び、読書をしながらのんびり過ごせる。

☎0267-41-6301 住軽井沢町長倉芹ケ沢2140セゾン現代美術館内 ◷7～9月の10～18時 休木曜(祝日の場合は開館、冬期休館あり) 交バス停千ヶ滝温泉入り口から徒歩7分 P30台(セゾン現代美術館駐車場利用) MAP P141C1

◀オープンエアの店内からは自然とアートが競演する見事な庭園が見渡せる

「Coffee House Shaker」では、オーナーがセレクトした雑貨や、店で使用している食器などを販売。店内のディスプレイもステキです。

静寂な空気に包まれた 教会&美術館で感性を磨きましょう

都会の喧騒から離れて静かな休日を過ごすなら中軽井沢へ。
自然のなかにひっそりとたたずむ教会や美術館を巡りましょう。

▲大きな三角屋根が印象的。教会前には、自然豊かな森が広がっている

軽井沢高原教会《かるいざわこうげんきょうかい》

大正時代設立の歴史ある教会

大正10年（1921）、北原白秋や島崎藤村などが集った「芸術自由教育講習会」を原点に開かれた教会。その精神は今も受け継がれ、毎週日曜には8時～礼拝、16時～ハープ演奏・教会ガイドが行われる。

☎0267-45-3333 住軽井沢町星野 ¥見学無料 営10～17時（挙式時は見学不可）休無休 交バス停星野温泉トンボの湯から徒歩5分 P160台 MAP P141D2

▲軽井沢を訪れるカップルの憧れの教会としても知られる

◀8月には、サマーキャンドルナイトを開催（予約制）。ランタンキャンドルの光が幻想的

田崎美術館《たさきびじゅつかん》

軽井沢ゆかりの画家の美術館

山岳画家ともいわれ、文化勲章を受章した洋画家・田崎廣助の美術館。日本建築学会賞を受賞した建物にも注目。

☎0267-45-1186 住軽井沢町長倉2141-279 ¥入館1000円 営10～17時（10月以降10時30分～16時30分。入館は閉館30分前まで）休水曜（11月上旬～4月下旬は冬期休館）交しなの鉄道中軽井沢駅から車で5分 P20台 MAP P141C2

▲山岳画家らしく力強いタッチで描かれた作品。『箱根朱富士』1975年

▲山に登って絵を描いていた田崎廣助の、力強く、迫力のある油彩画。作品の大きさにも圧倒される

毎週日曜開催
朝の礼拝に
参加してみましょう

「軽井沢高原教会」では、毎週日曜8時から礼拝を行っています。朝のさわやかな空気のなかで、牧師の講話を聞き、心穏やかに一週間を始めてみませんか。
☎0267-45-3333 MAP P141D2

▲1階展示室は奥行き約50m。2階のギャラリーでは作品の購入も可能

▲美術館オリジナルツバメノート300円

▲オリジナルトートバッグ3900円

軽井沢現代美術館《かるいざわげんだいびじゅつかん》

日本の現代美術家の作品を展示

東京・神田神保町の海画廊が運営。「海を渡った画家たち」をテーマに、草間彌生や奈良美智、村上隆など、海外で評価が高い芸術家の作品を展示。

☎0267-31-5141 住軽井沢町長倉2052-2 ¥入館1000円（お菓子付）🕒10～17時 休火・水曜（祝日の場合は開館、GW・夏期は無休、11月下旬～4月中旬は冬期休館）交バス停図書館前から徒歩5分 P20台 MAP P141D3

◀オリジナルグッズも取り揃えているミュージアムショップも訪れたい

セゾン現代美術館《せぞんげんだいびじゅつかん》

森に広がる現代アート空間

国内外の現代美術によるコレクション展と企画展を開催する。約800点のコレクションのなかには、アンディ・ウォーホルや荒川修作、横尾忠則など見逃せない作品が数多い。

☎0267-46-2020 住軽井沢町長倉芹ケ沢2140 ¥入館1500円 🕒10～18時（カフェは7～9月のみ営業）休木曜（祝日の場合は開館、8月は無休、10月中旬～4月中旬は冬期休館）交バス停千ケ滝温泉入り口から徒歩7分 P30台 MAP P141C1

▶アメリカ抽象表現主義のジャクソン・ポロックやマーク・ロスコから戦後日本の作家まで、現代アートが楽しめる

▲彫刻作品を設置した庭園には散歩道も整備されている（来館者とカフェ利用者のみ入園可）

▶アンディ・ウォーホル ROOTOTEトールポケット5500円（左）。パデットポーチ1540円（右）

「セゾン現代美術館」の庭園は一周徒歩約15分。庭園の緑のなかにイサム・ノグチの彫刻作品などを展示しています。

森のいきもの案内人と軽井沢野鳥の森を歩きましょう

多くの生き物が暮らす自然豊かな、軽井沢野鳥の森。
野生動物の専門家集団ピッキオの案内で大自然を探検しましょう！

軽井沢野鳥の森ってこんなとこ

総面積100万㎡の軽井沢野鳥の森は、標高950～1100mに位置し、昭和49年(1974)に国設野鳥の森に指定された。年間約80種の野鳥が見られ、四季折々の植物が自生する。MAP P141D1

広葉樹が生い茂る森の中は、ゆるやかなアップダウン

野鳥の森 ネイチャーウォッチング

定番ツアーはコレ!

野鳥の森に生息する、生き物たちの不思議な世界を専任ガイドが2時間かけて案内する。自然の魅力を再発見できる。

開催日：通年
料金：大人2500円、4歳～小学生1200円（小学生以下は要保護者同伴）、3歳以下無料
時間：10時出発（毎日）、13時30分出発（3月下旬～11月の毎日）
対象年齢：0歳～ 定員：1ガイドにつき20名程度
予約：午前の回は当日の9時まで、午後の回は当日の12時30分までにピッキオのWebサイトで要予約

START

1 ビジターセンターから出発！

池のほとりのピッキオ野鳥の森ビジターセンターに集合し、森の動植物を熟知したピッキオのスタッフの案内で森の中へ。コースは当日の森の状況や参加者により決定する。

◀専任ガイドの小道具。双眼鏡はレンタル可(300円)

▲水辺のビジターセンターにはカフェも併設

ココで体験できます

ピッキオ《ぴっきお》

野鳥の森で自然と遊ぼう

野生の動植物の調査研究や保全活動を行いながら、軽井沢野鳥の森を拠点に、年間を通して多彩なネイチャーツアーを開催。自然の不思議を解き明かすツアーは、子どもから大人まで楽しめる。

☎0267-45-7777 住軽井沢町星野 営9時30分～17時(季節により変動あり) 休無休(要問合せ) 交バス停星野温泉トンボの湯から徒歩7分 P250台 MAP P141D2

まだある！ 人気のツアー

空飛ぶムササビウォッチング

夕暮れの森に出かけるムササビの様子を観察する夜の人気ツアー。ほぼ間違えなく出合えるのも魅力。

開催日：3月中旬～11月（小雨決行）
料金：大人3400円、小学生2500円、幼児無料
所要時間：約1時間30分（開催時間は日によって異なるためHPで要確認） 対象年齢：4歳～
定員：30人（開催日により異なる）
予約：当日15時までに要予約

ワイルドサファリツアー

野生動物を車で探す夜のツアー。暗闇に光る動物の目を見つけた時のドキドキ感は忘れられない思い出に。

開催日：4月下旬～10月（雨天決行）
料金：大人6500円、4歳～小学生4500円
所要時間：約1時間30分（開催時間は4～8月19時30分～21時、9・10月18時30分～20時）
対象年齢：4歳～ 定員：6～10人（開催日により異なる） 予約：当日16時30分までに要予約

秋・冬限定!
ケラ池の
スケートリンクで
遊ぼう

「ピッキオ」の前にあるケラ池が、秋・冬期限定で屋外スケートリンクに。12月下旬～2月中旬の厳冬期は、天然氷エリアが結氷し、さらに広々と滑れます。期間は10月下旬～3月初旬の10～16時(臨時休業あり)、料金は1900円(貸靴代込み)。
☎0267-45-7777(ピッキオ)

2 森に生息する生き物を探そう

森には、生き物が暮らしている証拠がいっぱい。地面になにげなく落ちている木の実にムササビの歯型が付いていることも。鳴き声のする方へ双眼鏡を向けると、野鳥の姿が!

▲うっそうとした森の中を歩いて行く

◀ニホンリスは通年生息している。体長は約20㎝

3 野鳥の声に耳を傾けてみよう

▲巣づくり用の毛をくわえるシジュウカラ

冬～5月中旬はバードウォッチングのベストシーズン。特に春は色鮮やかな野鳥にも出合える。

▲雄大に裾野を広げる浅間山の姿も美しい

4 どんぐり池で水生生物観察

ハルニレの木立に囲まれた水深約1mのどんぐり池は、野鳥の森のオアシス。池の中にはオタマジャクシやトンボのヤゴなどの水生生物が生息している。

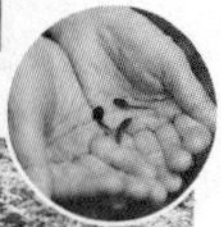

▲谷から地下水を引いた小さな池"どんぐり池"

▲鮮やかな色の葉や木の実など、初めて目にするものも

5 ツアー終了!

森の中で見つけた木の実や不思議な葉っぱがたくさん。ビジターセンターで図鑑を使って調べてみると、新たな発見があるかも。

森で出合える生き物図鑑

キビタキ
4月下旬～5月

ショウジョウトンボ
7～8月

オオルリ
4月下旬～5月下旬

ニホンカモシカ
(ときどき)

基本的に手ぶらで参加OKですが、飲み物は各自で用意しておきましょう。虫が苦手な人は虫よけスプレーなどで対策を。

自然に囲まれた温泉に立ち寄って旅の疲れを流しましょう

高原リゾートの軽井沢にも、気軽に立ち寄れる入浴施設があるんです。
観光やショッピングを楽しんだ後は、ゆっくり湯浴みしましょう。

ココに注目!
春の菖蒲湯、秋のリンゴ湯、冬のゆず湯など、期間限定で季節の湯が楽しめる

▲▶四季折々の景色が楽しめる露天風呂や内湯のほかサウナと水風呂も揃う

立ち寄り料金
入浴1350円
(GW、夏期、年末年始は特別料金)

- 露天風呂 1(男女各)
- 内湯 1(男女各)
- 貸切風呂 なし
- 休憩室 × 　食事処 ×
- シャンプー ○
- 石けん/ボディソープ ○
- 浴用タオル 販売200円
- フェイスタオルとバスタオルのセット レンタル350円
- ドライヤー○

星野温泉《ほしのおんせん》 トンボの湯《とんぼのゆ》

あの文豪も浸かった名湯

大正4年(1915)に開湯。毎分400ℓ湧出するやわらかな泉質は「美肌の湯」として親しまれ、かつては北原白秋、与謝野晶子などの文人たちも訪れた。花崗岩が連なる露天風呂や、檜香る内風呂でくつろぎたい。

☎0267-44-3580 住軽井沢町星野 ⏰10〜22時(最終受付21時15分) 休無休(冬季休業日あり) 交バス停星野温泉トンボの湯から徒歩1分 P250台 ●泉質:単純温泉(低張性弱アルカリ性高温泉) MAP P141D2

▲秋には内湯の大きな窓から紅葉が楽しめる

▲サウナ室内ではジャズが流れ、落ち着いた時間を過ごすことができる

湯上がりに楽しめるスイーツ

カフェ《かふぇ》 ハングリースポット《はんぐりーすぽっと》

🐾OK(テラスのみ)

星野温泉 トンボの湯に隣接するカフェ。花豆ソフトクリームやよなよなエール900円〜など、温泉後にほっとひと息できるスイーツやドリンクが揃う。

☎0267-44-3571(村民食堂) 住軽井沢町星野 ⏰9時30分〜21時30分LO 休無休 交バス停星野温泉トンボの湯から徒歩1分 P250台 MAP P141D2

花豆ソフトクリーム 380円

▲開放感バツグンの庭園露天風呂

▲大きな窓の屋内大浴場

立ち寄り料金
入浴1200円～

- 露天風呂 4　内湯 2
- 貸切風呂 なし
- 休憩室 ○　食事処 ×
- シャンプー ○
- 石けん／ボディソープ ○
- フェイスタオル レンタル100円
- ドライヤー○

立ち寄りの湯 軽井沢千ヶ滝温泉《たちよりのゆ かるいざわせんがたきおんせん》

自然を望む広い湯船が魅力

かけ流しのやわらかい湯が自慢。庭園露天風呂のほか、屋根付き露天風呂や屋内大浴場も完備。温泉やフィンランドコテージ・サウナで体を温めて、日頃の疲れを癒やそう。

☎0267-46-1111 住軽井沢町千ヶ滝温泉 ⏰12時～21時30分（土・日曜、祝日10時30分～22時）、最終受付は各45分前 休無休（メンテナンス休あり） 交バス停千ヶ滝温泉から徒歩2分 P300台 ●泉質：ナトリウム-炭酸水素塩・塩化物泉 MAP P141C1

▲巨岩を配した庭園が眺められる

▲ラウンジでティータイムを満喫

立ち寄り料金
入浴1000円

- 露天風呂 2
- 内湯 2　貸切風呂 1
- 休憩室 ×　食事処 ×
- シャンプー ○
- 石けん／ボディソープ ○
- フェイスタオル 販売100円
- バスタオル レンタル300円
- ドライヤー ○

塩壺温泉ホテル《しおつぼおんせんほてる》

源頼朝の伝説が残る温泉

鎌倉時代に源頼朝が発見したという伝説が残る。湯は無色透明。庭園を望む露天風呂、寝湯を備えた屋内大浴場、貸切家族風呂（11時30分～14時、別途60分2000円）で体の芯まで温めよう。

☎0267-45-5441 住軽井沢町中軽井沢塩壺 ⏰11時30分～21時最終受付 休無休 交しなの鉄道中軽井沢駅から車で5分 P60台 ●泉質：炭酸水素塩泉 MAP P141D1

ゆうすげ温泉旅館《ゆうすげおんせんりょかん》

浅間山を望む展望風呂

地下400mから汲み上げる天然温泉。内湯のみだが、窓からは浅間山の雄大な景色が眺められる。

☎0267-45-6117 住軽井沢町長倉4404 ⏰10～20時 休無休 交しなの鉄道中軽井沢駅から車で6分 P30台 ●泉質：ナトリウム・カルシウム-塩化物・炭酸水素塩・硫酸塩泉 MAP P141C3

立ち寄り料金
入浴500円

- 露天風呂 なし　内湯 2
- 貸切風呂 なし　休憩室 ×
- 食事処 ×　シャンプー ○
- 石けん／ボディソープ ○
- フェイスタオル 販売200円
  バスタオル 販売600円～
- ドライヤー ○

▲バイパス近くの一軒宿

▲常連客も多く、11枚綴りの回数券もある

「塩壺温泉ホテル」の明神池ラウンジでは、タイミングがよければ庭に訪れる野鳥やリスを観察できます。

ココにも行きたい！

中軽井沢のおすすめスポット

千ヶ滝せせらぎの道《せんがたきせせらぎのみち》

中軽井沢の景勝地、千ヶ滝へ続く

落差20mの千ヶ滝のすぐ近くまで続く、約1.8㎞の遊歩道。緑豊かな森の中の清流沿いに遊歩道は造られている。片道約25分。途中には沢沿いの水遊び場などもある。春夏は緑の木立、秋は落葉樹の紅葉を楽しみながら散策できる。DATA ☎0267-45-6050（軽井沢観光案内所/くつかけテラス内）¥◷休散策自由 交遊歩道入口までしなの鉄道中軽井沢駅から車で7分 P20台 MAP P141C1

軽井沢町歴史民俗資料館《かるいざわまちれきしみんぞくしりょうかん》

豊富な資料を通して町の歴史を紹介

縄文時代の土器や、中山道の宿場町だった江戸時代、避暑地として発展を遂げた明治時代の資料などを展示。ほか民具や陶磁器なども見学できる。DATA ☎0267-42-6334 住軽井沢町長倉2112-101 ¥入館400円（旧近衛文麿別荘（市村記念館）と共通）◷9〜17時 休月曜（祝日の場合は開館、7月15日〜10月は無休、11月16日〜3月は休館）交しなの鉄道中軽井沢駅から車で4分 P20台 MAP P141D3

旧近衛文麿別荘（市村記念館）《きゅうこのえふみまろべっそう（いちむらきねんかん）》

和洋折衷のレトロな洋館を見学

大正時代の建物で、昭和の首相、近衛文麿の元別荘。後に政治学者・市村今朝蔵が所有し、現在の場所に移築され開館した。DATA ☎0267-46-6103 住軽井沢町長倉2112-21 ¥入館400円（軽井沢町歴史民俗資料館と共通）◷9〜17時 休月曜（祝日の場合は開館、7月15日〜10月は無休、11月16日〜3月は休館）交しなの鉄道中軽井沢駅から車で3分 P20台（軽井沢町歴史民俗資料館と共通）MAP P141D3

ア・ラ・ガール《あ・ら・がーる》

🐾NG

スパイシーな香りで食欲アップ

南インド直輸入のスパイスを独自にブレンドした、本格的なインドカレーが味わえる。メニューは17種類あり、8段階の辛さが選べる。ナンセット（写真）は1595円。DATA ☎0267-45-5187 住軽井沢町長倉3041 ◷9〜19時 休火曜（10〜5月は火・水曜）交しなの鉄道中軽井沢駅から徒歩1分 P町営駐車場利用（1時間無料）MAP P141D3

かぎもとや《かぎもとや》 中軽井沢本店《なかかるいざわほんてん》

🐾NG

著名人や避暑客に愛される老舗

明治3年（1870）創業、避暑地軽井沢の歴史とともに歩んできた人気店。厳選したそば粉をブレンドし、湯ごねで打ち上げたそばは、香り高く太めでコシが強い。濃いめのツユとの相性も抜群。写真はざるそば950円。DATA ☎0267-45-5208 住軽井沢町長倉3041-1 ◷9時30分〜15時、17〜19時（土・日曜、祝日は〜20時）休木曜 交しなの鉄道中軽井沢駅から徒歩1分 P20台 MAP P141D3

くつかけダイニング《くつかけだいにんぐ》

🐾OK（テラスのみ）

体にやさしい信州食材たっぷりの和食

古民家をリノベーションした料理宿、くつかけステイ中軽井沢内にある和食処。信州の食材と極上の鮮魚を使用した旬の味覚を気軽に堪能できる。会席料理コースは1万1000円または1万6500円。DATA ☎0267-46-8906（くつかけステイ中軽井沢）住軽井沢町長倉3294-1 ◷8〜21時LO（季節変動あり）休月曜（季節変動あり）交しなの鉄道中軽井沢駅から車で5分／JR軽井沢駅から車で9分 P15台 MAP P141D3

ブランチカフェ《ぶらんちかふぇ》 ラパン《らぱん》

🐾NG

味とコスパが評判の店

アットホームな雰囲気で、食事メニューに力を入れているカフェ。ランチはオムライス、リゾットやパスタから選ぶメインに、5種の日替わり前菜とデザートが付いて1760円。ほかコース料理も人気だ。DATA ☎0267-46-1832 住軽井沢町中軽井沢6-2 ◷11時30分〜21時（売り切れ次第終了、ランチタイムは〜18時）休水曜 交しなの鉄道中軽井沢駅から徒歩2分 P10台 MAP P141D3

haluta《はるた》 bageri《べーがり》

素材にこだわった手作りパン

オーガニック素材にこだわったハード系の食事パンを中心に、常時15種類ほどを販売。石うす挽きの国産小麦と軽井沢の清冽な水を使った味わい深いパンには地元ファンも多い。DATA ☎0267-31-0841 住軽井沢町中軽井沢3018-3 ◷10時30分〜18時（売り切れ次第閉店）休火・水曜（季節により変動あり）交しなの鉄道中軽井沢駅から徒歩5分 P6台 MAP P141D3

和《わ》

季節感あふれる和菓子が並ぶ

春は桜、夏はアンズ、秋は栗など、旬の素材を使ったどら焼き1個180円が人気。ふんわりした皮でたっぷりの餡を包み、食べごたえ十分。だんご1本100円などを軽井沢のおみやげとして持ち帰る人も多い。DATA ☎0267-45-1003 住軽井沢町中軽井沢1-9 ◷10時〜18時30分 休日曜（夏期は木曜休、日曜営業）交しなの鉄道中軽井沢駅から徒歩2分 P3台 MAP P141D3

千ヶ滝までバスを利用する場合は、バス停千ヶ滝温泉入口下車、そこから遊歩道入口まで徒歩約25分です。

フレッシュな軽井沢グルメが心も体も元気にしてくれます

名シェフが腕をふるうフレンチにイタリアン、食材にこだわるヘルシーな和食やそばなど、美食家たちをうならせるグルメな店が多いのも軽井沢の魅力。みずみずしい高原野菜もぜひ味わって。

カリスマシェフが腕をふるう フランス料理の名店

豊かな自然と新鮮な食材に魅せられて軽井沢に店を構えるシェフたち。
料理も雰囲気も極上の名店で、優雅なひとときを過ごしましょう。

南軽井沢 NG

無彩庵《むさいあん》 池田《いけだ》

フレンチと和の融合で極上のハーモニー

軽井沢フレンチの名店で長年料理長を務めた実力派シェフ・池田昌章氏が腕をふるう。フレンチの伝統的な技法をベースに、酒粕や味噌などの和テイストを加え、独創的な一皿に仕上げる。料理はコースのみ（要予約）。ランチコースは7500円のほか、1万1000円、1万4500円（すべてサービス料込み、税別）がある。

☎0267-44-3930 住軽井沢町長倉1891-50 ⏰11時30分～15時、17時30分～22時（冬期は変動あり） 休月・火曜（祝日の場合は営業、冬期休業あり） 交JR軽井沢駅から車で10分 P5台 MAP P138B1

▲外の景色が映りこむ、一面ガラス張りの店内

▲緑に囲まれ、隠れ家のような雰囲気

▼ランチコースの一例。前菜とメイン、デザートは3～4種類から選べ、ポタージュ、デザート、ドリンクなどが付く

▶オーナーシェフ 池田昌章氏

南軽井沢 NG

エルミタージュ・ドゥ・タムラ《えるみたーじゅ・どぅ・たむら》

至福の時間を約束する美食家たちの隠れ家

軽井沢フレンチを代表する店。軽井沢近隣の農家から直接仕入れた無農薬野菜や各地のこだわりの食材を、平成29年（2017）春に店を引き継いだ大塚哲也シェフが、軽やかに仕上げる。ランチコースは1万9965円。

☎0267-44-1611 住軽井沢町長倉820-98 ⏰12～13時LO、18～19時LO 休月・火曜を中心とした不定休 交JR軽井沢駅から車で10分 P8台 MAP P138B1

▲大きな窓から木洩れ日が降り注ぐ

▲作家・水上勉の別荘だった建物を改築

▼ランチコースの一例。料理は日替わり

▶シェフ 大塚哲也氏

名シェフ特製の自家製ピクルスをおみやげに

名店「エルミタージュ・ドゥ・タムラ」で販売している自家製ピクルス3560円は、リピーターの多い人気商品。10種類以上の無農薬野菜が入っていて、サラダ感覚で食べられます。
☎0267-44-1611 MAP P138B1

◀オーナーシェフ 竹中浩史氏

▼3プレートランチ5500円（サービス料別）の一例。旬の素材を使い、彩り鮮やか

信濃追分 OK（ランチタイムのテラスのみ）

レストラン スイヤルド《れすとらん すいやるど》

季節の食材を盛り込んだ華やかなひと皿に感動

追分の森にたたずむ一軒家レストラン。フランスの名店で腕を磨いた竹中浩史シェフが作るのは、体にやさしい野菜中心のフレンチ。冬期には、カモやシカなどのジビエ料理も登場する。

☎0267-46-2789 住軽井沢町追分1551-2 ⏰11時30分～13時LO、17時30分～19時LO 休日曜の夜、月曜（冬期休業あり）交しなの鉄道信濃追分駅から車で7分 P5台 MAP P140A1

▲天井が高く、居心地のよい空間が広がる

▲自家製コンフィチュールはおみやげにもおすすめ

◀オーナーシェフ 小沼康行氏

▼アミューズ、前菜2品などを含む全9品のコースMenu de Chef1万8150円の一例

新軽井沢 OK（テラスのみ）

オーベルジュ・ド・プリマヴェーラ《おーべるじゅ・ど・ぷりまゔぇーら》

軽井沢の四季を感じる芸術的な一皿

自然豊かな大地の恵みに敬意と感謝を表現し、最高の状態で提供する「The軽井沢フレンチ」。自家農園の野菜や全国から直送される旬の食材で、芸術作品のような一皿を作り上げる。

☎0267-42-0095 住軽井沢町軽井沢1278-11 ⏰12時～13時45分LO、17時30分～21時LO 休水・木曜（夏期・冬期は要問合せ）交JR軽井沢駅から徒歩10分 P20台 MAP P137C2

▲木立の中にあり、ホテルも併設しているレストラン

▲前菜のサラダは自家製ハーブを使用している

「エルミタージュ・ドゥ・タムラ」の料理は、バターやクリームを極力控えることで素材の風味を生かした味付けになっています。

静かな一軒家レストランで 絶品フレンチを味わいましょう

リゾート気分を満喫するなら、緑に囲まれた一軒家レストランへ。
ゆったりとした時間が流れる落ち着いた空間で、贅沢なランチ&ディナーを。

新軽井沢 🐾NG

シェ《しぇ》 草間《くさま》

野菜たっぷりの自然派フレンチ

草間シェフが目指すのは、「野菜本来の味」が楽しめるフランス自然料理。無農薬・無化学肥料の高原野菜や厳選素材にこだわったコース料理で、軽井沢の旬の味覚を堪能しよう。

☎0267-46-9123 住軽井沢町軽井沢1265-15 ⏰11時30分～14時30分(13時LO)、17時30分～21時30分(19時30分LO) 休水・木曜(祝日の場合は営業、7・9月は木曜のみ) 交JR軽井沢駅から車で5分 P12台(要予約) MAP P136B3

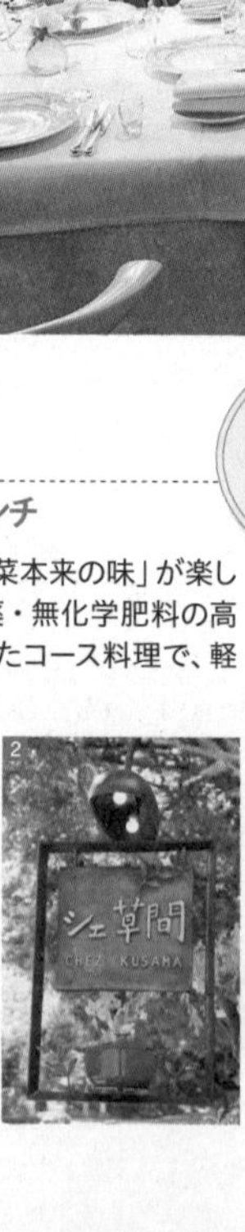

ランチコース5700円～
(税・サービス料別)

アミューズ+スープ+メイン+デザート+ドリンク。写真はメインの一例、赤ピーマンのソースでいただく「真鯛のロースト バスク風」

1店内は温かみのあるトーンで統一されている 2店の前のオシャレな看板が目印 3涼しげなガラスの器に盛り付けた前菜

オーベルジュに宿泊して特別な美食体験

「オーベルジュ・ド・プリマヴェーラ(☞P73)」の客室はアンティーク家具で揃えたおしゃれな空間で、ペット同伴ができる部屋もあります。自然のなかでくつろぎ、ディナーでフレンチを味わう、軽井沢ならではの貴重な体験ができます。
☎0267-42-0095 MAP P137C2

ディナーコース8800円～
(サービス料別)

おまかせのコースを3種類用意している。写真はメインの一例「オマール海老のロースト」

南軽井沢 🐾NG

ル・ボン・ヴィボン軽井沢《る・ぼん・ゔぃぼんかるいざわ》

気軽で洗練された本格ガストロノミー

東京・吉祥寺にある同名の有名レストラン出身の梅田シェフが腕をふるう。厳選した食材に、フレンチやイタリアンのエッセンスを加えた本格ガストロノミーに定評がある。誕生日や記念日に喜ばれるアニバーサリープレート1100円(要予約)も人気。

☎0267-31-6605 住軽井沢町長倉2621-19 🕒17時～19時30分 休水曜 交JR軽井沢駅から車で10分 P7台 MAP P138B1

1定番の季節の野菜のムース 2ゆったりとくつろげる明るい店内 3塩沢通り沿いにひっそりとたたずむ

中軽井沢 🐾NG

ブレストンコート ユカワタン《ぶれすとんこーと ゆかわたん》

非日常空間で味わう至極のディナー

星野リゾート　軽井沢ホテルブレストンコート(☞P102) のメインダイニング。旬の食材をフランス料理の技術と日本の感性で、芸術作品さながらの美しい一皿に仕上げる。味・香り・見た目など、五感を刺激する極上のコースを用意。

☎050-5282-2267 住軽井沢町星野 🕒17時30分～ ※完全予約制 休不定休 交バス停星野温泉トンボの湯から徒歩5分 P160台 MAP P141D2

コース(料理の一例)2万4200円

山菜や旬の野菜などの素材を用い、自然美を表現。写真は夏の苔庭に咲く花々をイメージした前菜「鯉と胡瓜」

1コース料理の一例の前菜「桜鱒のミキュイ」。クレソンの辛みをあえて残してソースに
2長野県出身、料理長の松本博史氏。平成29年(2017)、ユカワタン料理長に就任
3窓の外にはライトアップされた森を望む

GWや夏休みの週末は、人気のレストランは混雑必至。早めに予約するのがおすすめです。

鮮やかな食材が彩るイタリアンで至福のランチタイム

旬の高原野菜に新鮮な魚介、手打ちパスタ、モチモチのピッツァ…。
ここならでは！のおいしいイタリア料理を堪能しましょう。

ランチコース
5445円～

前菜、パスタ、メイン、デザートなどが付く、ランチのコース

1

2

3

1 メインの魚料理の一例
2 窓からは木々が見える
3 中軽井沢の緑豊かな場所にたたずむ

中軽井沢

OK（テラスのみ）
※テラスはアラカルトのみ

もですと
MODESTO

和と伊が融合したモダンな料理を

長野県上田市出身のシェフが提案するのは、ゴボウやタケノコなど、和の素材を取り入れたモダンイタリアン。信州の食材を使った季節感あふれるランチコースは5445円～、ディナーコースは9317円～。

☎0267-31-5425 住軽井沢町長倉3430-5 ⏰12時～13時15分LO、17時30分～20時30分LO（夜は予約制）休水曜（冬期休業あり）交しなの鉄道中軽井沢駅から車で5分 P6台 MAP P141C3

**イタリアのスイーツ
ジェラートはいかが？**

JR軽井沢駅から徒歩3分の場所にある「GELATERIA Gina」では、イタリアで修業した職人の作る国際大会受賞のジェラートが味わえます。常時約10種類あるので迷ったらトリプル750円を。
☎0267-27-2114 MAP P137D3

野菜ピザ 野沢菜と
れんこんのハーフ&ハーフ
2657円
2種類の味が一度に楽しめる贅沢なメニュー

パスタランチセット
1760円
自家製手打ち生パスタ。ソースには12種類の地元野菜を使用。サラダ、パンなどが付く

新軽井沢

エンボカ軽井沢《えんぼかかるいざわ》

🐾OK（夏期のテラスのみ、予約不可）

モダンな邸宅で、旬のうま味を凝縮したピザを味わう

吹き抜けでスタイリッシュな空間が魅力のイタリアン。薪窯で焼く、旬の地元食材を使った野菜ピザが人気。もっちりした生地に野菜のシャキシャキ感が絶妙だ。ピザ生地を使ったオリジナルパスタもぜひ。

☎0267-42-0666 住軽井沢町軽井沢1277-1 ⏰11時30分～14時30分LO、17時30分～20時30分LO 休火・水曜 交JR軽井沢駅から徒歩13分 Pなし MAP P137D2

1 彫刻家のために設計したアトリエ兼住居をレストランに
2 コンクリートの質感を生かしたシックな外観

新軽井沢

リストランテ ピエトリーノ《りすとらんて ぴえとりーの》

🐾OK（テラスと店内の一部のみ）

アートな空間でいただくイタリア料理

軽井沢ニューアートミュージアム（☞P24）1階のイタリアン。地元産の新鮮な食材と各地から取り寄せた肉を使い、ボリュームある料理を楽しめる。ディナーはコース料理、アラカルトを用意している。

☎0267-46-8499 住軽井沢町軽井沢1151-5軽井沢ニューアートミュージアム1階 ⏰11時30分～14時、17～21時 休月・火曜（祝日の場合は翌日）交JR軽井沢駅から徒歩10分 P20台 MAP P137D2

1 ガラス張りの明るいお店
2 ディナーメニューには信州黒毛和牛も（コース3960円）

「エンボカ軽井沢」のエンボカ風きのこのパスタ2079円は、軽井沢店限定。モチモチした太麺のパスタです。

グルメな人も納得！
地元で評判の実力派イタリアン

軽井沢は知る人ぞ知るイタリア料理店の激戦区。
気取らない雰囲気なのに味は一流。そんな実力店に、ご近所さんは通っています。

▲大きな窓から光が差し込む明るい店内

▲店のすぐ横に川が。晴れた日はテラス席も人気

イチオシ！

ランチセット
2400円～

パスタを数種類から選べ、前菜などが付いたランチコースの一例。写真は「渡りカニのトマトクリームソース」

中軽井沢 OK（テラスのみ）

りすとらんて あだーじお

Ristorante A'dagio

自然に囲まれた隠れ家レストラン

野鳥が生息する湯川沿いにたたずむ。定番人気の「渡りカニのスパゲティーニ」は、濃厚なカニの旨みを堪能できる一皿。自家農園産の野菜やハーブなどを使用した季節のパスタもおすすめ。

☎0267-41-0228 住軽井沢町長倉2792-2 ⏰11時30分～14時LO、17時30分～20時30分LO 休木曜（2月に1週間の休みあり） 交しなの鉄道中軽井沢駅から徒歩10分 P4台 MAP P141D3

▲トマトソースととれたて野菜がマッチした高原野菜のピッツァ1700円

▲パーティも行われる広い店内

旧軽井沢 OK（店内不可、要問合せ）

とらっとりあ もんて・くっちーな

トラットリア モンテ・クッチーナ

新鮮な高原野菜をイタリアンで

地元の食材をふんだんに取り入れたイタリアンレストラン。高原野菜が味わえるアンティパストやパスタ、石窯で焼くナポリ風ピッツァなどが人気。400℃の石窯で高温蒸し焼きにした、農家直送野菜の窯蒸し焼き1700円もぜひ。

☎0267-41-2263 住軽井沢町軽井沢601-1チャーチストリート軽井沢2階 ⏰11～15時LO、17時30分～20時LO 休水曜（12～3月は不定休） 交バス停旧軽井沢から徒歩3分 Pチャーチストリート有料駐車場利用（割引サービスあり） MAP P136A1

イチオシ！

地元農家からの一皿
～温野菜サラダ～ 2人前1700円

地元の契約農家から仕入れた新鮮な野菜などをたっぷり使い、うま味を引き出す調理法で仕上げたサラダ

オーガニックにこだわるイタリアン

離山通りに立つ、「ビストロ ポモドーロ」の人気メニューは、国産小麦と天然酵母で作るピッツァ2480円〜。注文後に生地をのばし、特製の石窯で焼き上げています。
☎0267-42-7752 MAP P137C2

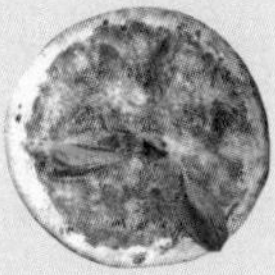

＼イチオシ！／
フルット
2530円
小エビやホタテにフレッシュトマトやモッツァレラが絡み、濃厚なうま味を引き出している

新軽井沢 NG

トラットリア プリモ《とらっとりあ ぷりも》

鉄板にのったあつあつピッツァ

直径30㎝と迫力満点のピッツァは、最後まであつあつを保つため焼き上げた鉄板のまま提供。季節の食材を使ったピッツァも。パスタ料理も人気で、ディナー限定メニューも用意している。予約は不可。

☎0267-42-1129 住軽井沢町軽井沢330-8 ⏰11時30分〜14時45分LO、17時〜20時30分（最終入店）※季節により変動あり、繁忙期は人数制限あり 休不定休 交JR軽井沢駅から徒歩15分 P17台 MAP P137C2

▲かき揚げ卵、ナス、ベーコンが入ったトマトクリームのスパゲティーニ、パルティノペ1650円

▲大きな窓が並ぶ開放的な店内。季節ごとの限定メニューにも注目

＼イチオシ！／
メインディッシュセット
2860円
メインはその日によって変わる。写真は信州豚のソテーといろいろきのこソース。野菜は地元農家直送のもの

旧軽井沢 OK（テラスのみ）

イタリア料理&バール チェント・ドゥエ 102《いたりありょうりあんどばーる ちぇんと・どぅえ 102》

地野菜をメインに素材の味を堪能

シェフは、イタリアや東京の有名店で腕を磨いた実力派。軽井沢の旬の食材をたっぷり盛り込んだ料理を味わえる。

☎0267-41-0018 住軽井沢町軽井沢167-47 ⏰12〜14時LO、18〜21時LO 休水曜（8月は不定休、1月下旬〜2月上旬に10日間ほど休みあり）交バス停聖パウロ教会前から徒歩2分 Pなし MAP P136A1

▲カウンター席もあり一人でも利用しやすい

▲イタリアの別荘のようなたたずまい

チェント・ドゥエとは、イタリア語で102のこと。旧軽井沢の郵便番号を店名にしたそうです。

並んででも食べたい！ 1000円台のお値打ちランチ

行列の先にあるのは、コストパフォーマンス◎の人気店。
おなかも財布も大満足の満点ランチを召し上がれ。

旧軽井沢 🐾OK（テラスのみ）

Paomu Karuizawa Bistro《ぱおむ かるいざわ びすとろ》

旧軽で長年愛される洋食屋さん

定番のハッシュドビーフセットや三笠ホテルカレーセット1690円～、ステーキなど、丁寧に仕込んだ洋食メニューが揃う。ディナーはアラカルトを中心とするビストロ営業。人気スイーツを販売するショップ（☞P81）も併設している。

☎0267-42-8061 住軽井沢町軽井沢806-1-2階 🕒レストラン：ランチ11～15時、ディナーは要予約 ショップ：10～17時（変動あり） 休木曜、ほか不定休 交バス停旧軽井沢から徒歩2分 Pなし MAP P136A2

ハッシュドビーフセット
1790円

信州産のキノコと牛肉を特製のデミグラスソースで煮込んだ一品。佐久産の有機米を使用

▲2階に昔ながらの洋食を楽しめるシックなレストラン、1階にはスイーツの売店がある

こちらもオススメ！

信州牛イチボのステーキフリットセット3960円。信州牛の希少部位を丁寧に焼きあげたボリュームたっぷりのステーキ

旧軽井沢 🐾NG

庶民派フレンチ洋食 KAZURABE《しょみんはふれんちようしょく かずらべ》

気軽に家庭的なフレンチを

安曇野のアルプス牛や武石産のハーブ鶏など、信州の食材を使ったフレンチをリーズナブルな価格で提供する。付け合わせの野菜もたっぷりでボリューム満点。ディナーは3500円～。

☎0267-41-5186 住軽井沢町軽井沢726 ツチヤプラザ2階 🕒11時30分～15時、18～21時 休火曜（予約・祝日の場合は営業） 交バス停旧軽井沢から徒歩6分 Pなし MAP P136A1

ハンバーグプレート
120g1680円

安曇野のアルプス牛のハンバーグにたっぷりの野菜を添えたひと皿。ライスまたは自家製パンが付く

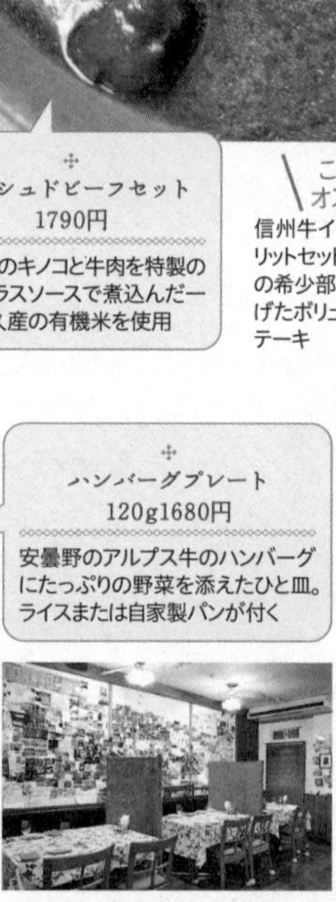

▲旧軽井沢銀座通り沿いの建物の2階にある

スイーツも充実

「Paomu Karuizawa Bistro」に併設するショップでは、こだわりのスイーツに注目。軽井沢プリン508円は、軽井沢高原牛乳とヨード卵・光の卵黄を使ったプリン。とろけるようななめらかな食感で人気です。

南軽井沢 🐾NG

カシェット《かしぇっと》

地粉ガレットを引き立てる地元野菜

看板メニューのガレットには、浅間山麓産ブレンドのそば粉を100%使用。長時間寝かせることで香ばしさを増した生地が特徴だ。地元産のレタスやトマトなどを、ガレットが隠れるほどトッピング。

☎0267-31-0622 住軽井沢町塩沢345-1 🕒11～16時LO（10～3月は11時30分～）※材料がなくなり次第閉店 休月・火曜 交バス停塩沢湖から徒歩5分 P5台 MAP P138B2

季節のサラダガレット 1250円～

半熟卵をガレットやサラダ、ハムに絡めながら味わおう。シードル250㎖870円との相性も◎（写真はイメージ）

▲シンプルながらセンスを感じさせるインテリアが特徴的

旧軽井沢 🐾NG

わかどり《わかどり》 軽井沢《かるいざわ》

軽井沢の老舗で名物の鶏料理を

昭和35年（1960）創業の鶏料理専門店。自家製タレが自慢の焼鳥2本460円や、鶏のモモ肉を特製の焼き器で焼いた「むしり」990円が名物。むしりはテイクアウトもできる。

☎0267-42-4520 住軽井沢町軽井沢3-4 🕒12～14時、17～21時（20時LO）休火曜 交バス停旧軽井沢から徒歩5分 Pなし MAP P137D2

やきとりわん
1300円

ジューシーな焼鳥がのった人気のメニュー。味の決め手は、50年以上継ぎ足して使っている秘伝のタレ

▲開店前から長蛇の列ができることも

ハムステーキ定食
1500円

厚切りのロースハムをシンプルにバターソテー。黒こしょうが味のアクセントになっている

▲矢ヶ崎公園の向かい側にある。家庭的な雰囲気も心地よいお店

新軽井沢 🐾NG（盲導犬は可）

大衆食堂《たいしゅうしょくどう》 フレスガッセ《ふれすがっせ》

名物のソーセージやハムを定食で

軽井沢の水と厳選した肉を使い、桜の薪やチップで燻製したソーセージやハムは、肉のうま味が詰まっている。人気のソーセージ盛り合わせをはじめ、ピカタやスペアリブなどのメニューも揃う。

☎0267-42-8169 住軽井沢町軽井沢東29-15 🕒10時～14時30分、17時～20時15分 休水・木曜 交JR軽井沢駅から徒歩3分 Pなし MAP P137D3

テラス席が人気の「旧軽井沢café涼の音」（☞P32）では、海老とホタテのアメリケーヌソースパスタ1540円など、ランチメニューも充実です。

高原でぜいたくな朝のひととき ステキカフェで朝食を

少しだけ早起きして、清々しい高原の休日を過ごしませんか？
おいしい朝食とコーヒーで心地よい1日をはじめましょう。

スタッフドフレンチトースト ベリーソースのトッピング 1400円

クリームチーズを挟んだフレンチトーストに、たっぷりのベリーソースがかかった一品

エッグベネディクト、ホームフライ付き 1400円

イングリッシュマフィンの上にのるハムや卵は地元産にこだわる。オランデーズソースも自家製だ

パンケーキセット、メープルフレーバーシロップ付き 1500円～

ブルーベリー、バナナ&ピーカンナッツ、プレーンのなかから2つのフレーバーを選ぶ

こちらもおすすめ

ベーコンエッグとアボカドのトースト、ホームフライ付き1500円

信濃追分周辺

OK(テラスのみ)

キャボットコーヴ MUSEUM TERRACE《きゃぼっとこーゔ みゅーじあむ てらす》

アメリカの伝統的な朝食メニューを満喫する

アートフォトが楽しめる空間を備えた朝食専門カフェ。エッグベネディクトやパンケーキなどの人気メニューのほか、アボカドトーストや、プルドポークサンドなどの新しいメニューも充実。

☎0267-31-5950(営業時間のみ) 住御代田町馬瀬口1794-1MMoP敷地内 ⏲7時～12時20分LO（11～3月は8時～） 休水・木曜（祝日・GW・お盆期間は営業）交しなの鉄道御代田駅から徒歩10分 PMMoP駐車場利用 MAP P134B3

▲「衣食住と多様な写真表現を五感で楽しめる場」がテーマの複合施設・MMoP（モップ）の敷地内にある

▲屋根付きで明るく居心地のよいテラス席は開放感抜群

新鮮な高原野菜が主役の朝食でパワーチャージ

新鮮な高原野菜をふんだんに味わえるのは「CAFE B」(☞P89)のブレックファスト1870円。色鮮やかな旬の野菜のサラダはボリューム満点かつヘルシーで、女性に人気。予約して行くのがおすすめです。

☎0267-48-6408 MAP P138B1

こちらもおすすめ

白身魚のシチュー。ランチセットムケカ2690円

スーパーアサイーボウル
1650円

栄養価が高いアサイーの上に、季節のフルーツがたっぷりとのる

新軽井沢

natural Cafeina《なちゅらる かふぇいーな》

🐾OK(テラスのみ)

アサイーボウルでパワーとビタミンをチャージ

植物のグリーンに囲まれた居心地のよい空間で、ゆったりとした朝の時間を過ごせるカフェ。一番人気のアサイーボウルのほか、マスターがフレンチプレスで淹れる、希少な豆を使ったスペシャルティコーヒー660円～もおすすめ。

☎0267-42-3562 住軽井沢町軽井沢東25 🕒8～17時(土・日曜、祝日は7時～) 休火・水曜、1月中旬～2月下旬(冬期休業) 交JR軽井沢駅から徒歩8分 P8台 MAP P137D3

▲店内はナチュラルな雰囲気。ウッドデッキは軽井沢のさわやかな風を感じられる特等席

こちらもおすすめ

クリームチーズ入りスモークサーモンのオムレツ2250円(パン、ドリンク付き)

スキレット
2250円
(パン、ドリンク付)

自家製ベーコンやマッシュポテトをスキレットで20～30分かけて焼き上げる。

南軽井沢

SHERIDAN《しぇりだん》

🐾OK(テラスのみ、要ペットシート)

シカゴスタイルのおしゃれなレストラン

軽井沢に居ながらアメリカ・シカゴ流の朝食が食べられる。オーブンで焼いたオムレツのほか、温野菜を味わうスキレットなど、珍しいメニューが揃う。どれもボリューム満点だが、シンプルな味付けで食べやすい。

☎0267-31-6005 住軽井沢町発地1166-50 🕒6時30分～14時LO(11～3月は7時30分～) 休水曜(11～3月は火・水曜、祝日の場合は営業) 交JR軽井沢駅から車で15分 P9台 MAP P138B2

▲建物はF.L.ライトの建築様式をくむ。店内はおしゃれなアメリカンダイナー風

「natural Cafeina」のモーニングは10時まで。3種類のブレックファストセットも人気です。

軽井沢のご当地名物 職人技が生む絶品そば

そばの実の挽き方、打ち方にこだわる名店で
信州・軽井沢のおいしいそばを味わいましょう。

もり蕎麦 950円
粗めに挽いた細打ちの手打ちそば。のど越しがよく風味豊か

軽井沢のそばはなぜおいしい？

朝夕の寒暖差ときれいな水が、そばの栽培に欠かせない条件。軽井沢をはじめ、信州の高原地帯特有の気候や土壌は、おいしいそばが育つのに適したものといえる。

もう一品

ごぼうのから揚げ 1100円
薄く削ったゴボウをからりと揚げた一品。2～3人でシェアできる量

南軽井沢 OK（テラスのみ）

いしうすびきそば とうま

石臼挽き蕎麦 東間

新鮮なそばの風味が際立つ

厳選した国産のそばの実を毎朝使う分だけ石臼で挽く。香り高いそばを求めて遠方から訪れる人も多い。3年以上寝かせた本枯節のツユは、すっきりとした辛口。昼のコースは2100円～、夜は鍋のコース5000円～、蕎麦懐石4800円～。一品料理も充実。

☎0267-44-6566 住軽井沢町発地1398-58 ⏰11～15時、18～20時（夜は要予約）休火曜、ほか不定休 交バス停柳橋から徒歩1分 P12台 MAP P139C2

▲和モダンな店内も魅力だ

南軽井沢 NG

じゅうわりさらしなそば しなの

十割さらしな蕎麦 志な乃

浅間山の伏流水で打つ十割そば

つなぎを使わない、そば粉100％の十割そばが食べられる。実の中程を使う「おらが蕎麦」1100円や甘皮まで挽く「田舎そば」1050円など、そばの実を使い分けたメニューが味わえるのも魅力。季節の野菜の天ぷら盛り合わせ900円もおすすめ。

☎0267-44-1830 住軽井沢町長倉746 ⏰11～15時 休火曜 交JR軽井沢駅から車で10分 P20台 MAP P138B1

▲木目調のほっとする空間

もう一品

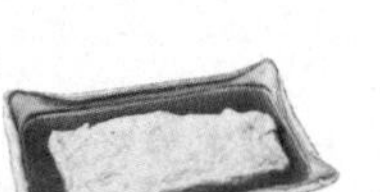

だし巻玉子焼 500円
とろみを付けただしがたっぷりかかった厚焼き玉子

さらしな蕎麦 1150円
そばの実の芯だけを使うため、白いのが特徴。上品な香りがたつ

知る人ぞ知る
信濃追分の人気店

国道18号沿いにある「追分そば茶家」は地元で人気の店。もりそば860円のほか、7種類の山菜が入った山菜そば1390円や、天せいろ1830円がおすすめです。
☎0267-45-1415 MAP P140B1

南軽井沢 OK(テラスのみ)

信州そば処 きりさと《しんしゅうそばどころ きりさと》

風味豊かな石臼挽きそば

石臼で自家製粉したそばは、やや粗挽き。独特の風味とのど越しが堪能でき、濃いめのツユとの相性もバツグンだ。エビや野菜の天ぷらの盛り合わせが付いた、きりさとセット2440円のほか、抹茶クリーム栗あんみつ970円などの甘味メニューも用意。

☎0267-42-8585 住軽井沢町軽井沢1075-20 ⏰11～20時(売り切れ次第終了) 休火曜 交JR軽井沢駅から車で3分 P20台 MAP P139C1

もりそば 970円
ブレンドしたそばの実を石臼挽きした二八そば。のど越しを味わおう

＋ もう一品

鴨ロースの網焼き 1560円
酒のアテにぴったりの一品。やわらかくジューシーな味わい

◀店内は45席。テラス席もある

旧軽井沢 OK(テラスのみ)

川上庵本店 軽井沢 川上庵《かわかみあんほんてん かるいざわ かわかみあん》

モダンな空間で自慢のそばを

居心地のよい空間が魅力のそば処。石臼で挽いた風味豊かな二八そばが味わえる。クルミだれせいろや天せいろのほか、豆腐の三種盛など地元の食材を使った一品料理も充実。夜は、地酒とともに一品料理を味わい、締めのそばを楽しもう。

☎0267-42-0009 住軽井沢町軽井沢6-10 ⏰11～21時LO(季節により変動あり) 休無休 交バス停旧軽井沢からすぐ Pあり(17時～利用可) MAP P136A2

せいろ 990円
粗めに挽いた二八そば。クルミだれせいろは1430円

＋ もう一品

彩り野菜の温製サラダ 1045円
旬の野菜をバルサミコベースのドレッシングでいただく

◀テラス席もあり、開放的な雰囲気

信濃追分 NG

蕎麦処 ささくら《そばどころ ささくら》

辛口の名物そばを味わう

北信地方の郷土料理、おしぼりそばが名物。一度食べれば、辛味大根のピリリとした辛さがクセになる。浅間山麓や赤城深山産の地粉を中心に自家製粉している。人気の石臼十割そば990円は数量限定なのでお早めに。

☎0267-46-5577 住軽井沢町追分655-3 ⏰11時30分～15時30分LO 休火曜(冬期は不定休) 交しなの鉄道信濃追分駅から車で5分 P11台 MAP P140B1

おしぼりそば 1050円
辛味大根のしぼり汁に付けて食べる。お好みで味噌を

＋ もう一品

そばの実のコロッケ 1個280円
ジャガイモの替わりにそばの実を使用。湯葉衣のパリパリの食感も◎

◀追分の旧道に店を構える

地元食材を生かした体にやさしい和食でほっこり

旅先で疲れた体を癒やしてくれるのは、やさしい味わいの和食。料理人の技が光る、繊細で華やかな料理に心も体も癒やされます。

▲信州彩り御膳3500円。信州ならではの味覚を一度に味わえる

《おすすめ献立》
味噌山賊焼き定食
熟成味噌の煮込みハンバーグ

もう一皿

▲温泉卵がのる、シャキッとレタスのシーザーサラダ980円

中軽井沢　NG

村民食堂《そんみんしょくどう》

信州の旬の味覚をカジュアルに

信州産の旬の食材を使用した料理を味わえるカジュアルダイニング。昼は定食メニューが中心で、夜はアラカルト料理を信州のお酒やワインと一緒に楽しめる。定食やそばなどの定番メニューに加えて、季節を感じられる限定メニューもおすすめ。

▲地酒や自然派ワインに合う一品料理も豊富に揃う

☎0267-44-3571 住軽井沢町星野 ⏲11時30分～20時30分LO 休無休 交バス停星野温泉トンボの湯から徒歩1分 P250台 MAP P141D2

▲大きな窓からは四季折々の景色が楽しめる

▲とろろ汁御膳1730円。信州味噌仕立てのとろろ汁に、きんぴらごぼうや田舎の煮物などが付く（写真はイメージ）

▲古民家の廃材を利用した情緒ある食事処

《おすすめ献立》
信州福味鶏御膳　1960円
天ざる蕎麦　1850円
御厨風あんみつ　770円

南軽井沢　OK（テラスのみ）

御厨《みくりや》 MIKURIYA

かまど炊きのふっくらご飯の和定食

伝統的な五郎兵衛米をかまどで炊き上げ、木曽さわらのおひつに入れて提供するご飯が自慢。煮物や小鉢、漬物にも自社農園で作られた野菜を使用し、一膳が信州づくし。自慢のそば980円～もぜひ。

☎0267-41-6741 住軽井沢町発地2127 ⏲7時15分～14時15分LO 休無休（11～4月は水曜） 交JR軽井沢駅から車で15分 P20台 MAP P138B3

やさしい味の茶粥でほっこり

軽井沢駅から徒歩10分の「カフェ来美（くるみ）」。おすすめは、茶粥セット1200円。ほうじ茶を煮出し、小豆を入れただけのあっさりした味わいで漬物とよく合います。
☎0267-31-5110 MAP P137D2

南軽井沢 NG

軽井沢《かるいざわ》 日本料理《にほんりょうり》 大嶋《おおしま》

旬の素材を丁寧に仕上げる

茶懐石から学んだ技術を生かし、上品な味に仕上げた料理を提供。小鉢のひとつひとつに丁寧な気配りが感じられる。秋は松茸、冬はフグ料理もおすすめ。苦手な食材があれば予約時に相談を。

☎080-4345-2009 住軽井沢町長倉646-1 12時～13時30分LO、18時～20時LO（昼夜ともに要予約）休火曜 交JR軽井沢駅から車で7分 P10台 MAP P138B2

▲昼のおまかせ料理の一例

《おすすめ献立》
おもてなし膳
2850円（期間限定）
季節の会席　7850円

▲テーブル4卓。早めに予約を

旧軽井沢 NG

レストラン《れすとらん》 酢重正之《すじゅうまさゆき》

信州の食材たっぷりの昼ごはん

味噌や醤油の専門店、酢重正之商店がプロデュースしている店。信州の食材と自家製調味料を使った和食が味わえる。銅釜で炊くご飯や、信州味噌の味噌汁もおいしい。

☎0267-41-2007 住軽井沢町軽井沢6-1 11～21時LO（季節により変動あり）休無休 交バス停旧軽井沢からすぐ Pあり（17時～利用可）MAP P136A2

▲彩り野菜と豚肉の黒酢炒め2090円。まろやかな酢重の黒酢を使った酢豚。ご飯は望月の有機米の銅釜炊き

《おすすめ献立》
鉄鍋煮込みハンバーグ　2530円
※ランチにはおかわり自由のご飯、味噌汁に漬物が付く

▲夜はワインやお酒も充実

新軽井沢 OK（テラスのみ）

和ビストロGOKAN-五感-《わびすとろごかん》

調理の音や料理の香りも楽しむ

姉妹店・くつかけダイニング（☞P70）が得意とする会席料理をアラカルトで気軽に楽しめる。季節の味覚を取り揃えた割烹スタイルの店で、カウンターキッチンでは、職人の手仕事が見られる。

☎0267-46-8913 住軽井沢町軽井沢1146-1 11時30分～13時30分LO、17時30分～20時30分LO 休月曜（季節により変動あり）交JR軽井沢駅から車で5分 P12台 MAP P136B3

▲花かごランチ2400円。魚料理、天ぷらそばなどからメインが選べる。ひと手間かけた野菜料理もたっぷり。写真は肉料理メイン

《おすすめ献立》
信州和牛の極上にくまぶし
（ランチ）5280円
手打ちそば（二合）
（ディナー）1540円

▲和モダンを基調とした店内。テーブル間隔も広くてくつろげる

みずみずしい地野菜が主役 高原野菜のおいしいカフェ&レストラン

軽井沢を代表する食材といえば、高原育ちの野菜や果物。
旬の野菜をたっぷり味わえるお店をご紹介します。

ランチコース
3500円
全10品のバラエティに富んだ繊細な料理が提供される月替わりのコース。食べごたえあり

信濃追分周辺 NG

菜食料理《さいしょくりょうり》 pas à pas《ぱざぱ》

野菜のハーモニーを満喫する

軽井沢のホテルの洋食部門に勤務していた五十嵐シェフが開いた、穀物菜食のコース料理でおもてなしするレストラン。動物性食材をまったく使用せずに、経験に裏打ちされた繊細な技術で菜食料理を楽しませてくれる。

☎0267-32-5241 住 御代田町馬瀬口1946-6 ⏰11時30分～14時30分、17時30分～21時 休 木・金曜、ほか不定休 交 しなの鉄道御代田駅から徒歩10分 P 2台 MAP P134B3

こんな野菜を使っています!
地元御代田町近郊の新鮮な野菜を仕入れ、自家栽培の野菜も使用している

▲自宅を改装した一軒家レストラン

▲夫婦で営む小さなお店。要予約

ベジカレーランチセット
2680円～
グリーンカレー、和風カレー、玄米ご飯、おかわり自由の野菜サラダとデザートとドリンクが付く

新軽井沢 OK(テラスのみ)

野菜がおいしいレストラン《やさいがおいしいれすとらん》

体が喜ぶ豊富なベジ料理

静かな別荘地に立つホテル内のレストラン。野菜本来の味わいを楽しめるベジ料理をはじめ、信州サーモンなど信州の旬の食材を使った料理も用意。早めに予約しておきたいお店だ。

☎0267-42-7355(軽井沢ホテルロンギングハウス) 住 軽井沢町軽井沢泉の里 軽井沢ホテルロンギングハウス ⏰7時30分～9時30分LO、11時30分～13時30分LO、18～20時LO 休 無休 交 JR軽井沢駅から車で5分 P 67台 MAP P136B3

こんな野菜を使っています!
長野県内産の無農薬、有機栽培の野菜が契約農家から届く。専用の農園でシェフ自ら畑を耕すことも

▲漆黒の梁が美しいメインダイニング

▲気持ちのよいテラス席もある

軽井沢で人気の野菜農園

「軽井沢サラダふぁーむ」は、農薬や化学肥料を使わずに野菜を栽培する個人農園。新鮮な野菜を購入できます。
☎090-4461-7803
MAP P141C3

キーマカレー
800円
ひき肉と7種類以上の野菜を使用。じっくりと煮込むことで、甘みを引き出している

スモーク明太子パスタのランチセット 1870円
自家製のスモーク明太子のパスタに、高原野菜のサラダ、きのこのポタージュ、デザート、ドリンクが付く(ランチメニューは10時～の提供)

旧軽井沢　NG

cocage cafe《こかげ かふぇ》

野菜たっぷりのメニューが充実

季節野菜がたくさん入ったお弁当600円～(要予約)は、客の要望に応じて内容を変えた、オリジナリティあふれる惣菜が楽しめると人気がある。テイクアウトメニューやパーティ向けのオードブルも用意。

☎0267-42-3330 住軽井沢町軽井沢207-3 ⏰10～16時 休日･月曜 交JR軽井沢駅から車で10分 Pなし MAP P136A2

こんな野菜を使っています!

野菜はできる限り信州産を使用。ふき味噌などの保存食も作っている

▲カジュアルな雰囲気も魅力の外観

南軽井沢　OK(テラスのみ)

CAFE B《かふぇ びー》

旬野菜で作る栄養満点のランチ

HOTELベルリネッタ軽井沢の敷地内にあるカフェで、地元産の野菜の味を生かした料理を提供している。旬の野菜をたっぷり味わえるモーニング(☞P83)も人気があるのでぜひ味わいたい。

☎0267-48-6408 住軽井沢町長倉737-2 ⏰7時～13時30分LO 休水曜(季節により変動あり) 交JR軽井沢駅から車で8分 P11台 MAP P138B1

こんな野菜を使っています!

地元産の野菜を中心に使用。旬の野菜をたっぷり味わえるサラダに入るレタスは、新鮮でみずみずしい食感

▲アンティーク家具が配され、落ち着いた雰囲気の店内

新鮮野菜が買える店

軽井沢近郊は標高900～1200mの高原地帯。朝晩の気温差と、この地域で発生する霧の水分が野菜の甘みを増し、みずみずしい野菜が育つ。

旧軽井沢

白石商店《しらいししょうてん》

町民の胃袋を支える八百屋さん

旧軽銀座通りの入口で店を構える、創業80年の青果店。旬の野菜が店頭に並ぶ。

☎0267-42-2503 住軽井沢町軽井沢810 ⏰8時30分～18時(季節により変動あり) 休水曜 交バス停旧軽井沢からすぐ Pなし MAP P136A2

中軽井沢

JA直売所みどりのひろば軽井沢《じぇいえいちょくばいじょみどりのひろばかるいざわ》

農家直送の地野菜をお手頃価格で

モロコシ、ブドウ、リンゴが人気。

☎0267-45-5086 住軽井沢町長倉2966-1 ⏰9～15時 休水曜(12月中旬～4月中旬は休業) 交しなの鉄道中軽井沢駅から徒歩5分 P40台 MAP P141D3

北軽井沢にある群馬県嬬恋村は、「日本一のキャベツの産地」として有名。夏秋キャベツの出荷量は全国一です。

軽井沢の自然に囲まれて テイクアウトでピクニックランチ

高原の心地よい風を感じながら、青空の下でのランチはいかが。
各エリアで人気店のメニューをテイクアウトして、公園などで味わいましょう。

ベジビエバーグサンド 2000円
鹿肉と猪肉の大きなハンバーグに野菜がたっぷり。肉は臭みがなくジューシーで食べやすい

◀テイクアウトはかわいいBOXで。ドリンクも一緒に

新軽井沢

かるいざわべじびえ
軽井沢ベジビエ

彩り豊かなヘルシーランチ

地元の契約農家から仕入れる野菜を中心に、新鮮で安心できる食材とジビエ肉を使った創作料理が味わえる。牛肉や豚肉に比べ、低カロリーで鉄分の多い鹿肉はヘルシーで女性におすすめ。旬のフルーツを使ったシェイクも人気。

☎0267-41-6939 住軽井沢町軽井沢東184-1 ⏰11時30分～14時30分LO、17～20時LO（季節により変動あり）休木曜 交JR軽井沢駅から徒歩4分 P5台 MAP P137C3

▲グリーンが目を引くおしゃれな外観はSNS映えも狙える！

南軽井沢

かるいざわふらっとぶれっず
軽井沢フラットブレッズ

ブレッド・肉・野菜のうま味を堪能

軽井沢のパン屋の名店「浅野屋」と共同開発した特製ブレッドを店内で焼き上げ、浅間山の溶岩石を使った鉄板でグリルした肉と厳選野菜をたっぷりサンドしたグルメサンドイッチが大人気。

☎0267-41-2400 住軽井沢町軽井沢 軽井沢・プリンスショッピングプラザフードコート内 ⏰10時～18時45分LO（季節により変動あり）休不定休（軽井沢・プリンスショッピングプラザに準ずる）交JR軽井沢駅からすぐ P軽井沢・プリンスショッピングプラザ駐車場利用 MAP P139C1

極旨
グリルビーフサンド
1080円（フライ・ドリンクセット＋380円）
ジューシーな肉と新鮮野菜、特製グレービーソースが焼きたてブレッドにマッチ

▲フードコート入口を入ってすぐ左手にある

軽井沢駅周辺のピクニックスポット

やがさきこうえん
矢ヶ崎公園

駅に近く大賀ホールに隣接する広大な公園。広い芝生や木陰、ベンチもあるのでランチスポットに最適。カモのいる大きな池もある。
DATA ☞P21 MAP P137D3

雄大な浅間山や離山も眺められる絶景スポット

ホテルのテイクアウトを利用するのもおすすめ!

「旧軽井沢KIKYOキュリオ・コレクションbyヒルトン」（☞P103）のダイニング「ア・ターブル」で提供する、ピクニックボックス5940円（3～4人分）には、彩り豊かなサラダや、信州地鶏「真田丸」を使ったコンフィなどが入っています。事前予約が望ましいです。
☎0267-41-6990 MAP P137D2

南軽井沢

じねんや 軽井沢バイパス店《じねんや かるいざわばいぱすてん》

ベジタリアン&ヴィーガンの和食

季節ごとに旬の有機野菜を信州はもちろん、日本各地から仕入れて作る、ベジタリアン&ヴィーガンメニューを提供。野菜の滋味が味わえるだけでなく、見た目にも彩り鮮やかな料理には心も癒やされそう。

☎0267-46-2476 住軽井沢町長倉2733-1 ⏰10～20時 休木曜 交しなの鉄道中軽井沢駅から徒歩15分 P10台 MAP P138A1

▶靴を脱いで上がるアットホームな店。テイクアウトは要予約

花籠弁当 2000円
季節の惣菜6品に雑穀ベジミートボール、玄米ご飯、味噌汁、三番番茶が付いたお弁当

南軽井沢のピクニックスポット

湯川ふるさと公園《ゆかわふるさとこうえん》

浅間山を一望できる大きな公園。4地区に分かれており、湯川沿いに整備された遊歩道やドッグランなどがある。DATA ☎0267-45-8582（軽井沢町地域整備課）住軽井沢町長倉2658-10 ¥⏰休散策自由 交しなの鉄道中軽井沢駅から徒歩15分 P60台 MAP P138A1

大型遊具もあり、子ども連れに人気の公園

中軽井沢

イル・ソーニョ《いる・そーにょ》

本格的なイタリアンを気軽に

ハルニレテラスにあるイタリアンレストラン。信州の恵みをたっぷり使用したこだわりのピッツァやパスタがテイクアウトでも楽しめる。食後には種類豊富なドルチェピッツァもおすすめ。

DATA ☞P59 MAP P141D2

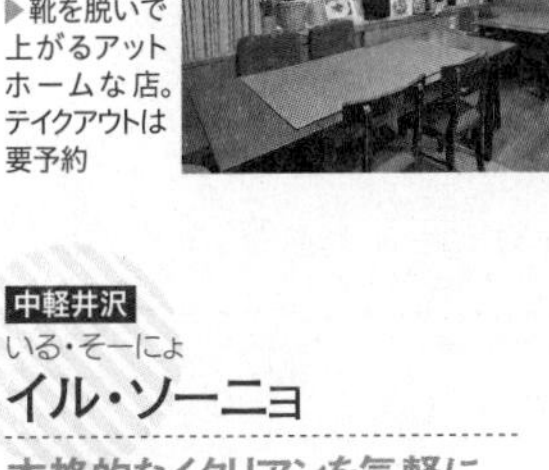

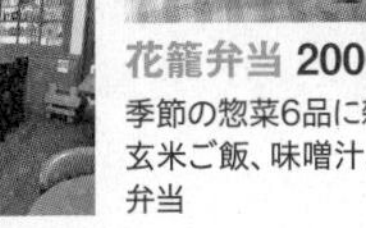

▲前菜のキノコのソテー、カポナータ、生ハム、カプレーゼ

2名様パック 5702円
メインのパスタやピッツァに前菜とサラダが付いたセット

中軽井沢

CERCLE wine & deli Karuizawa《せるくる わいん あんど でり かるいざわ》

野菜たっぷりのピクニックランチ

ワインに合うデリがショーケースに並び、テイクアウトメニューも充実。特製ローストビーフと野菜をたっぷり挟んだバケットはワインと相性ぴったり。

DATA ☞P61 MAP P141D2

サンドイッチ 1600円～
気軽に食べられるデリを、テイクアウトワイン800円～と一緒に味わいたい

中軽井沢のピクニックスポット

ハルニレテラス《はるにれてらす》

軽井沢星野エリアに位置。自由に利用できるテーブルや椅子が設置され、自然を感じながらくつろげるスポットが点在。DATA ☞P58 MAP P141D2

秋の紅葉の時期もハルニレの葉が色づいて美しい

ハルニレテラスにある「丸山珈琲」（☞P59）のドリンクや、「希須林」（☞P59）のテイクアウトメニューも人気です。

贈り物にもぴったりです 軽井沢発・話題の愛されスイーツ

多彩なフルーツや乳製品などが集まる軽井沢だから、おいしいスイーツも充実です。味はもちろん、見た目にも作り手のアイデアが光る話題の逸品をチェックしましょう。

パルフェバターサンド各種
1個495円～

グラスフェッドバターをベースに信州のフルーツやナッツをふんだんに使って作られたバターサンド

▶好きなものを6本選べる飛び出す絵本の仕掛けが楽しいギフトボックスも用意

中軽井沢

バターサンドラボ軽井沢《ばたーさんどらぼ かるいざわ》

地元の食材を使った華やかなバターサンドが話題

濃厚なバタークリームを香ばしいクッキーでサンドした「パルフェバターサンド」のお店。ナガノパープルや信州完熟イチゴなどのフルーツを贅沢に使用したフレーバーに注目だ。

☎080-7525-2814 住軽井沢町中軽井沢5-19 🕒10～17時（売り切れ次第閉店） 休火～木曜 交しなの鉄道中軽井沢から徒歩3分 P3台 MAP P141D3

ドーナツ
1個280円～

かわいいフォルムのドーナツは、モチッとした食感。ドリンクは国産レモンとレモングラスの自家製レモネード450円

▶小屋をリノベしたドーナツ屋。買ったドーナツは、テラススペースで食べることができる

南軽井沢

RK DONUTS《あーるけい どーなつ》

ふわもちの生地とたっぷりのクリームがたまらない

生花店に隣接するカフェレストランRK GARDEN（☞P118）の姉妹店として2022年にオープンしたテイクアウト専門店。クリームがたっぷり入り、軽い食感でやさしい味わいのドーナツを販売。

☎0267-31-0456 住軽井沢町長倉2681-1 🕒10時30分～16時（売り切れ次第閉店） 休火曜 交しなの鉄道中軽井沢駅から車で5分 P5台 MAP P138A1

いちごのタルト
950円

甘みと酸味のバランスがとれた品種「とちおとめ」をたっぷりデコレート。甘い香りも濃厚だ

▶6種類ほどのタルトが一列に並ぶ。選ぶ時間も楽しい

旧軽井沢

tarte K《たると けい》

写真映えする宝石のようなタルトが整然と並ぶ

タルトを販売するテイクアウト専門店。旬の素材を贅沢に使用したタルトは、味はもちろん見た目にも美しく、おみやげにぴったり。御影石の上に宝石のようなタルトが並ぶ洗練されたディスプレイも必見。

☎0267-31-5484 住軽井沢町軽井沢480-7 🕒11時30分～売り切れ次第閉店 休日・水曜（季節により変動あり） 交バス停中部電力前からすぐ Pなし MAP P137D2

美食が自慢のホテルで絶品スイーツをお持ち帰り

「星野リゾート　軽井沢ホテルブレストンコート（☞P102）」のホテルラウンジでは、リンゴや花豆など信州らしい素材を使った焼き菓子やスイーツを販売。名物はリンゴのコンポートをまるごと包んだオリジナルバウムクーヘン「リンゴクーヘン」1674円。☎0267-46-6200 MAP P141D2

ミニドーナチュバー
1本400円

直径6cmほどで、キャンディのようにかわいらしいドーナツ。イベントごとにさまざまなデザインが登場する

▶ドーナツは各種250円～。軽井沢いちご、軽井沢ブルーベリーなど、30種類ほどが揃う

旧軽井沢

ウフフドーナチュ《うふふどーなちゅ》 旧軽井沢《きゅうかるいざわ》

ママの愛情が伝わってくるやさしい味わいのドーナツ

石川県金沢市に本店のあるママの手作りドーナツ専門店。地元産の食材を使い、保存料無添加の安心でおいしいバラエティに富んだ手作りドーナツを販売する。

☎0267-46-8148 住軽井沢町軽井沢813-1 1階 ⏰10～16時 休土・日曜、祝日 交バス停旧軽井沢からすぐ Pなし MAP P136A2

リンゴを味わうアップルパイ
1カット600円、1ホール4400円～

シャキシャキのリンゴからみずみずしい果汁があふれ、まるでリンゴをまるかじりしたようなジューシー感が楽しめる

▶リンゴカスタード500円。注文後に温かいパイにカスタードクリームを詰めてくれる

旧軽井沢

APPLE PIE lab《あっぷる ぱい らぼ》 軽井沢《かるいざわ》

南信州発のアップルパイ専門店味もサイズも多彩に揃える

甘さと酸味のバランスが良い品種「ふじ」を使った定番のパイを筆頭に、リンゴと季節のフルーツを組み合わせたパイや、食べ歩きにぴったりのパイなども用意している。

☎0267-46-9139 住軽井沢町軽井沢12-14 ⏰10～17時 休不定休、ほか冬期休業あり 交バス停旧軽井沢からすぐ Pなし MAP P136A2

オレンジトランシュ（手前左）
1袋2枚入り1000円前後
オランジェット（手前右）
1箱1728円
トリュフチョコ（奥）
10個入り3780円

シロップ漬けにしたオレンジの甘みと、ビターチョコの相性は抜群。ラズベリーやヘーゼルなど10種の味が入るトリュフチョコはひとつひとつじっくり味わいたい

旧軽井沢

Schokoladenburg《しょこらでんぶるぐ》 軽井沢チョコレート館《かるいざわちょこれーとかん》

高級素材を生かした手作りチョコレートが豊富

世界中から集められた高級素材を贅沢に使い店内で手作りするチョコレートが評判。店名はドイツ語で「チョコレートのお城」の意味。店内にカフェスペースもある。

☎0267-42-1560 住軽井沢町軽井沢4-2 ⏰10～18時 休水曜 交バス停旧軽井沢から徒歩3分 Pなし MAP P137D2

「APPLE PIE lab 軽井沢」では、手のひらサイズの小さなりんごパイ3個入900円も気軽な手みやげにおすすめです。

老舗&人気ベーカリーの名物パンを食べ比べ

外国人避暑客がもたらし、早くからパン作りが盛んになった軽井沢。長年愛され続ける老舗&人気ベーカリーの自慢のパンはコチラ。

ベーコンエピ
1個346円
ロングセラーの惣菜パン。パリパリの皮の中のもっちりとした生地に、ベーコンのうま味が行き渡る

トマトとモッツァレラ
1個324円
ピザ生地にミニトマトとモッツァレラチーズが入る揚げパン

カンパーニュクランベリー&チーズ
1個410円
クランベリーとクリームチーズをたっぷり練り込んだ天然酵母パン

軽井沢ブルーベリー
100g281円〜
フランスパンの生地でブルーベリー生地を包んでいる

旧軽井沢

ブランジェ浅野屋《ぶらんじぇあさのや》 軽井沢旧道本店《かるいざわきゅうどうほんてん》

石窯で焼き上げたパンがズラリ

昭和8年(1933)創業の老舗。早くからヨーロッパの伝統的なパンの製法に注目し、カラマツやブナの薪を使いスペイン製の石窯で焼き上げる。

☎0267-42-2149 住軽井沢町軽井沢738 時8〜18時(夏期は7〜20時) 休無休 交バス停旧軽井沢から徒歩6分 Pなし MAP P136A1

▶イートインスペースを併設している

フランスパン(ハーフ)
216円
店の看板商品。表面はパリッと香ばしく中はもっちり。温めても◎

チーズブレッド
594円
とろけるチーズがたっぷり入っている。チーズ好きにおすすめ

パンド カンパーニュ
421円
自家製酵母で5日間かけて作った、酸味があるパン。オリーブオイルとの相性もよい

塩クロワッサン
184円
焼く直前に塩をまぶし、サクサクの食感に仕上げる。朝食にどうぞ

旧軽井沢

フランスベーカリー《ふらんすべーかりー》

昔ながらのやさしい味わいのパン

昭和26年(1951)、万平ホテルのベーカリーチーフが開店。ジョン・レノンも通っていた。昔ながらの製法を守る3代目が、素朴な味わいのパンを作り続ける。

☎0267-42-2155 住軽井沢町軽井沢618 時8〜17時(夏期は7〜18時) 休木曜(夏期は無休) 交バス停旧軽井沢から徒歩6分 Pなし MAP P136A1

▶常時60種類以上の焼きたてのパンが並ぶ

パンのおともに ディップも買って 帰りましょう

「ブランジェ浅野屋 軽井沢旧道本店」では、信州SPFポークリエットや、黄金シャモのレバーペーストなど、パンによく合うディップを買えます。どちらもフランスパンや全粒粉のパンにぴったりの味わいです。

SAWAMURA RICH BREAD
777円
北海道産小麦を使用。こだわりの材料と製法で作った軽井沢限定の高級食パン

信州野沢菜ブレッド
453円
出汁で炊いた野沢菜とチーズをやわらかい生地で包んで焼きあげる

パン・オ・ヴァン信州 3888円(ハーフ1944円)
生地に信州ワインを練り込み、ナッツとドライフルーツがたっぷり

クリームチーズノア
1個367円
クルミを入れた生地にクリームチーズをたっぷり入れて焼き上げた

旧軽井沢

ベーカリー&レストラン 沢村 旧軽井沢《べーかりーあんどれすとらん さわむら きゅうかるいざわ》

厳選素材と自家製酵母を使ったパンが並ぶ

4種類の自家製酵母と30種類ほどの粉をパンによって使い分けて焼き上げる。ハード系を中心に、ペストリーや惣菜パンまで多彩なラインナップ。

☎0267-41-3777 住軽井沢町軽井沢12-18 ⏰7~21時(季節により変動あり) 休無休 交バス停旧軽井沢からすぐ P15台(利用者は2時間まで無料) MAP P136A2

▶レストランも併設する

食パン1斤
330円
3日かけて丁寧に作るモチモチ食感が特徴の人気食パン。要予約

レザン
380円
ジューシーなレーズン生地をカンパーニュの生地で包んだパン

甘夏ノワ
260円
愛媛県産の甘夏ピールと生地に練り込んだクルミの食感が絶妙

メロンパン
240円
生地の中にバターを入れて焼き上げた、香ばしいメロンパン

SIORU クリームパン
1個240円
信州上田にある青山養鶏場の卵を使った、自家製のカスタードクリームが入っている

信濃追分

Sioru bakery《しおる べーかりー》

リピーターが続出する小さなベーカリー

予約で完売するという1日60斤限定の食パンが特に人気のベーカリー。手間をかけて焼き上げた菓子パンも30種類ほど並ぶ。

☎0267-46-8706 住軽井沢町長倉5568-2 ⏰9~15時(売り切れ次第閉店) 休日・月曜 交しなの鉄道信濃追分駅から車で5分 P7台 MAP P140B3

▶東京と京都で修業を積んだ店主が2021年春にオープンさせた

「ベーカリー&レストラン 沢村」はハルニレテラスにもあります。テラス席もあり。

軽井沢の食文化をお持ち帰り 定番の味みやげ

宣教師直伝のジャムや、新鮮な牛乳から作る乳製品はおみやげにぴったり。
職人の技が受け継がれているチーズやソーセージは、別荘族にも愛されています。

A 旧軽井沢

沢屋《さわや》 旧軽井沢店《きゅうかるいざわてん》

新鮮果実と砂糖のみで作るジャム

昭和27年(1952)創業。ジャムは国産果物とグラニュー糖だけで作る。

☎0267-42-8411 住軽井沢町軽井沢746-1 🕘9～18時（8月は～19時）休不定休（1月上旬～3月中旬は冬期休業）交バス停旧軽井沢から徒歩5分 Pなし MAP P136A1

B 旧軽井沢

グロッサリーコートセルフィユ《ぐろっさりーこーとせるふぃゆ》 軽井沢銀座店《かるいざわぎんざてん》

オリジナルの個性派ジャムに注目

無添加ジャムのほか、食事に重宝するディップなど幅広い瓶詰を扱う。

☎0267-41-3228 住軽井沢町軽井沢606-4-5 🕘9時30分～18時（季節により変動あり）休不定休 交バス停旧軽井沢から徒歩4分 Pなし MAP P136A1

C 旧軽井沢

中山《なかやま》のジャム《のじゃむ》

明治38年（1905）創業の老舗

カナダ人宣教師から教わった、添加物を加えない製法と味を守るお店。

☎0267-42-7825 住軽井沢町軽井沢750-1 🕘9～18時（夏期は変動あり）休無休 交バス停旧軽井沢から徒歩4分 Pなし MAP P136A1

D 旧軽井沢

ハニーショップ《はにーしょっぷ》 軽井沢《かるいざわ》

独自のハチミツ製品がたくさん

店内には定番のアカシヤハチミツのほか、ハチミツ加工品がズラリと並ぶ。

☎0267-42-0583 住軽井沢町軽井沢733 🕘10～18時（季節により変動あり）休不定休 交バス停旧軽井沢から徒歩6分 Pなし MAP P136A1

A **いちごミルクジャム**
260g1620円
浅間山麓産の生乳にイチゴの果肉も入ったジャム。小瓶もあり

A **紅玉りんごジャム**
270g972円
酸味の利いた国産の紅玉リンゴを使用し、甘さ控えめ。小瓶もある

A **ルバーブジャム**
260g864円
約60年前から自社栽培する軽井沢産ルバーブを使用。酸味がさわやかなジャム。小瓶もあり

B **スイートプリンジャム**
110g734円
プリンとほぼ同じ材料を使用。トーストにぬると贅沢なデザートに変身

ジャム＆ハチミツ

昔ながらの製法にこだわる専門店には、季節のジャムがいっぱい。希少な地元産のハチミツもお忘れなく

C **くりジャム**
270g1080円
栗の風味をそのまま閉じ込めたペースト。トーストはもちろん、お菓子作りにもおすすめ

B **バスクチーズケーキジャム**
120g756円
バスクチーズケーキのレシピをもとに作ったスイーツジャム。リッチな味わいはまさにスイーツそのもの

C **アサマブルーベリージャム**
270g1188円
創業時のレシピを受け継ぐ伝統のジャム。紅茶に入れても◎

D **バラハチミツ**
100g540円
バラの花びらやエキス入り。温かい紅茶に入れるとバラが優雅に香り、癒やし効果抜群

D **はちみつレモン**
300g972円
国産レモンピール入り。ヨーグルトや紅茶に入れたり、ホットレモネードにするなど幅広く楽しめると人気

D **サクラハチミツ**
100g540円
桜の花びらとエキスが入った淡いピンク色のハチミツ。お湯で割ってもおいしい

自分だけのオリジナルジャムを

南軽井沢エリアにある「沢屋ジャムファクトリー」では、名店のレシピで学ぶジャム作りを体験できます。ジャム作りとセットで、工場見学（1人3500円）やランチ（1人5500円）も楽しめます。予約は2人以上、前日の午前中までに電話で要予約。
☎0267-46-2400 MAP P138A2

E
カイザーシンケン
100g800円
スモークしてある最高級ロースハム。香りと食感がよく、サンドイッチにぴったり
※価格は変更の場合あり

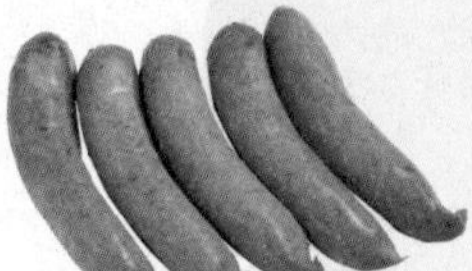

E
ガーリックソーセージ
100g422円
ニンニクの風味と噛んだ瞬間あふれる肉汁が特徴。ビールやワインと一緒に
※価格は変更の場合あり

肉加工品
軽井沢では洋食文化の浸透とともに肉加工品の製造技術が発展。ソーセージやハムなど、惣菜系を厳選

G
ミュンヘナーヴァイスヴルスト
100g734円
ミュンヘンで一般的な白ソーセージ。10～12分ゆで皮をむき食べる

F
あらびきウインナー
100g350円
薪でスモークする昔ながらの製法で作るウインナー。粗びき豚肉のうま味を感じる定番の品

G
味自慢ベーコン
100g1484円
豚バラ肉をドイツ仕込みの製法で作った自信作。厚切りにして焼くほか、ポトフなどにしても

G
グローベレバーヴルスト
1本1881円
粗びき豚肉が入った独自のレバーペースト。パンやクラッカーにぬって味わおう

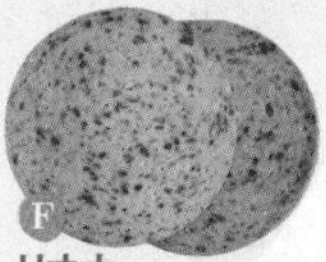

F
リオナ
100g350円
豚ひき肉に牛タンやパプリカなどを入れた、食感や風味が楽しいスライスソーセージ

H
プレーンヨーグルト
432円
飽きのこないプレーンタイプ。6種類の乳酸菌効果で体調も◎

乳製品
軽井沢近郊の牧場から直送される乳製品も軽井沢名産のひとつ。新鮮な牧場グルメを味わおう

H
ブルーチーズ
100g1620円
国内外のチーズコンテストで最高賞受賞経験のある自信作。青カビ特有の風味を残しつつ、まろやかで食べやすい

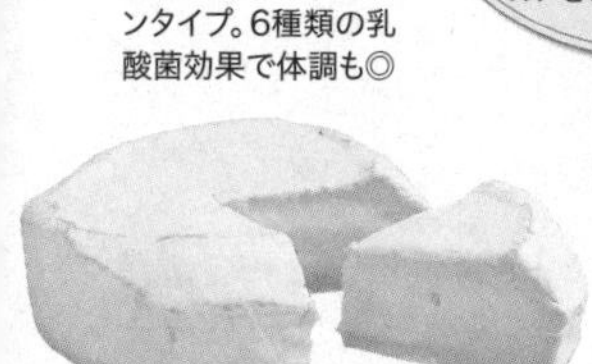

H
カマンベール
100g1026円
濃厚でコクのあるチーズ。そのまま切ってワインのお供に

E 旧軽井沢
腸詰屋《ちょうづめや》 軽井沢銀座中央店《かるいざわぎんざちゅうおうてん》
国産の肉をドイツ仕込みの技で
国産の豚肉や牛肉を使用し、ドイツの伝統的な製法で加工したハム・ソーセージ・サラミなどが揃う。肉のうま味をとじ込めた商品に定評がある。
DATA ☞P28 MAP P136A2

F 旧軽井沢
軽井沢デリカテッセン《かるいざわでりかてっせん》
ドイツ人職人直伝の製法を守る
初代がドイツの職人から学んだ、独自の燻製で作るハムやソーセージが並ぶ。
☎0267-42-6427 住軽井沢町軽井沢657-6 営9時～17時30分（冬期は9時30分～17時） 休木曜（1月～3月中旬は水・木曜） 交バス停旧軽井沢から徒歩7分 Pなし MAP P136A1

G 旧軽井沢
デリカテッセン・キッツビュール《でりかてっせん・きっつびゅーる》
本場で学んだ職人自慢の加工品
ドイツの国家資格・フライシャーマイスターをもつ職人が作るハムなどを販売。
☎0267-42-5488 住軽井沢町軽井沢473-5 営7時30分～21時 休無休 交バス停中部電力前からすぐ Pなし MAP P137D2

H 新軽井沢
アトリエ・ド・フロマージュ《あとりえ・ど・ふろまーじゅ》 軽井沢店《かるいざわてん》
信州産生乳使用のこだわりチーズ
特定農家から仕入れた牛乳で作るチーズは、20種類ほど揃っている。
☎0267-42-7394 住軽井沢町軽井沢東18-9 営10～18時 休水曜 交JR軽井沢駅から徒歩5分 P2台 MAP P137D3

「ハニーショップ 軽井沢」では、プロポリス入りのリップバームやクリームなどのオリジナルコスメも評判です。

軽井沢のスーパーでおみやげ探し

信州産の良質な食材や地元農家こだわりの新鮮野菜が並ぶスーパーは、おみやげ選びにもおすすめです。

果実まるごとジャム信州産ふじりんごバター
431円（155g）
果実分70％で、果実をまるごと食べたかのような食感

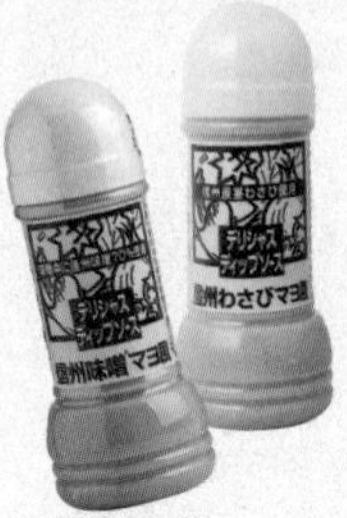

信州味噌マヨ風（左）信州わさびマヨ風（右）
各323円（200mℓ）
生野菜、温野菜のどちらにも合う万能ソース

信州蔵づめみそ（甘口・中甘）
各323円（750g）
約300年の歴史をもつ小諸市の蔵で仕込まれた逸品

化学調味料不使用バターチキンカレー（左）グリーンカレー 辛口（右）
各269円
化学調味料を使わず、素材のうま味を生かしたツルヤオリジナルカレー

信州トマトジュース（左）信州りんごジュース（右）
各323円（800mℓ）
原料のおいしさが詰まったロングセラー商品

別荘族御用達の大型店

南軽井沢

ツルヤ《つるや》 軽井沢店《かるいざわてん》

軽井沢の別荘族に愛されてきた歴史のあるご当地大型スーパー。広い店内には、信州産の新鮮な野菜や旬のフルーツをはじめ、700種以上のPB（プライベートブランド）の商品がずらりと並ぶ。

☎0267-46-1811 住軽井沢町長倉2707 ⏰9時30分～20時（7～9月は9時～）休不定休 交しなの鉄道中軽井沢駅から徒歩15分 P486台 MAP P138A1

花はちみつ アカシア（左）、百花（右）
アカシア：1058円（120g）
百花：994円（120g）
自然豊かな北アルプスの麓、美麻（みあさ）高原でとれた上品な味わいのハチミツ

こだわりヨーグルトプレーン
181円（400g）
長野県産生乳を100％使用し、酸味をおさえたとろける食感が特徴のヨーグルト

信州シードル
523円（300mℓ）
長野県産のリンゴ果汁100％使用。リンゴそのものを感じる味わい

信州大地の雫 赤
1055円（500mℓ）
信州産の良質なブドウを100％使用した飲みやすい辛口ワイン

信州地粉の生そば
462円（130g×2）
長野県安曇野市産のそば粉と、長野県産小麦粉を使って打ち上げている

使えるべんり酢
269円（500mℓ）
信州産の米酢をベースに作ったお酢

プライベートブランドが充実

新軽井沢

デリシア《でりしあ》 軽井沢店《かるいざわてん》

信州で最大の店舗数を誇るスーパーのデリシア。県内の農家とのコラボにより生まれた「信州育ち」と「信州生まれ」シリーズは、おいしくて顔が見える安全・安心な商品として人気がある。

☎0267-42-0505 住軽井沢町軽井沢野沢原1323-1002 ⏰9～22時 休不定休 交JR軽井沢駅から徒歩15分 P157台 MAP P137C3

「軽井沢発地市庭」（☞P55）には、地元農家が育てた旬の野菜や果物、軽井沢ならではの加工品がズラリ。

老舗リゾート地ならではの
快適な滞在は、こちらのお宿で

せっかく軽井沢を訪れるなら、泊まってゆっくりしたい。
外資系リゾートホテルや老舗宿など、
宿泊施設のタイプもさまざま。
旅のスタイルに合わせて選びましょう。

一度は泊まりたい憧れ宿
緑に包まれて極上の滞在を

自然にとけこんだ軽井沢らしいロケーションが魅力の宿にステイ。
心からのおもてなしと贅沢な空間で極上の時間を過ごしましょう。

水辺を囲むようにしてヴィラ仕様の客室が立ち並ぶ

中軽井沢

星のや軽井沢《ほしのやかるいざわ》

浅間山麓の谷の集落で過ごす

谷の地形を生かした川沿いに、全77室の客室が点在。棚田の水音、水面に浮かぶ行灯など、谷間の集落の風景が訪れる人を非日常空間へと誘う。滞在を通して身体を整えるスパプログラムなど、多彩なプランを用意。ライブラリーラウンジで読書をしたり、温泉に浸かったり、自分流の贅沢な時間を過ごそう。

☎050-3134-8091 住軽井沢町星野 休冬期休業あり(要問合せ) 交JR軽井沢駅南口から専用シャトルバスで15分 送迎あり P78台 ●鉄筋 室77室 ●2005年7月開業 ●泉質：単純温泉(低張性弱アルカリ性高温泉)●風呂：内湯1 MAP P141D2

1

2

3

1 メインダイニング「日本料理 嘉助」の朝食 2 水辺の情景が美しい「水波」のほか、「山路地」「庭路地」の客室がある 3 スパのトリートメント90分2万5300円～で心身ともに癒やされる

料金

1泊素泊まり
✣11万2000円～（1室あたり）
◷ IN 15時／OUT 12時
※宿泊は通常2泊から

✤Note

「星野温泉 トンボの湯」(☞P68) では、朝に宿泊者専用時間を設けています。のんびり朝風呂が楽しめます。

源泉かけ流し ルームサービス エステあり 禁煙ルームあり 大浴場あり インターネット可 ひとり宿泊OK

南軽井沢

ルグラン軽井沢ホテル&リゾート《るぐらんかるいざわほてるあんどりぞーと》

ラグジュアリーな時間を堪能できる

町の中心部から少し離れた場所にあり、7万坪の広大な敷地内に山の上、本館など5つのエリアからなる。ディナーはシェフ厳選の地場食材を使った創作フレンチを用意。標高1000mの山の上スイートにある絶景テラスや、バー、スパでゆったり過ごすのもおすすめ。

☎0267-48-0099 住軽井沢町発地864-4 休臨時休館の場合あり 交JR軽井沢駅から車で15分 送迎あり P91台 ●木造3階（本館） 室58室 ●2018年7月開業 ●泉質：炭酸水素塩泉 ●風呂：内湯1 露天1 MAP P135C3

✿Note
隣接する「八風温泉」は宿泊者以外も利用できます。美肌に効くといわれる炭酸水素塩泉の天然温泉です。
☎0267-31-6810 ⏲10～22時

1 本館2階の大浴場では、露天風呂や内湯で天然温泉を満喫できる 2 信州食材を使ったフレンチのフルコース1万2000円～（税・サ別、要予約） 3 1棟独立型で浅間山を望めるヴィラスイート（ツイン）

料金
1泊2食付（2名1室／1名分）
✣平　日　3万円～
✣休前日　4万円～
⏲ IN 15時／OUT 11時

南軽井沢

軽井沢プリンスホテル イースト《かるいざわぷりんすほてる いーすと》

森をイメージしたデザインに注目

軽井沢駅南口の一大リゾートエリア内に立つ。エリア内のスキー場やゴルフ場などのアクティビティエリアやアウトレットモールも近いので便利。天然温泉の露天風呂やスパ施設を備え、「自然」をモチーフにデザインされた客室は居心地がよい。ペットと宿泊できるコテージなどニーズに合わせた宿泊施設もある。

☎0267-42-1111 住軽井沢町軽井沢 休無休 交JR軽井沢駅から徒歩10分 JR軽井沢駅南口周辺から巡回バスあり P235台 ●鉄筋4階 室70室、コテージ92棟 ●1973年4月開業 ●泉質：ナトリウム塩化物泉 ●風呂：内湯（男1・女2）露天（男1・女1） MAP P139C1

料金
1泊朝食付（2名1室／1名分）
✣平　日　1万5838円～
✣休前日　3万2943円～
⏲ IN 15時／OUT 12時

✿Note
「スパ ザ フォレスト プリンス」では、さまざまなスパメニューを用意。ボディートリートメントは60分1万8645円～。

1 窓から緑が眺められるフォレストコーナーツインルーム 2 本館宿泊者専用の温泉施設「フォレスト ホット スプリング」はぜひ利用して 3 スパ施設はビジターや男性も利用可

2023年12月オープン

軽井沢の2カ所に登場するラグジュアリーホテルブランド「ふふ」に注目

南軽井沢

ふふ 軽井沢 -陽光の風-《ふふ かるいざわ -ようこうのかぜ-》

さわやかな軽井沢の自然を満喫

緑やビタミンカラーで明るい雰囲気の客室には温泉も。信州食材とフレンチが融合した料理も楽しみ。

DATA ☎0570-0117-22（総合予約センター） 住軽井沢町長倉山の神 交JR軽井沢駅から車で10分 室24室 MAP P138B2

▶緑豊かなふふラウンジ（イメージ）

新軽井沢

ふふ 旧軽井沢 -静養の森-《ふふ きゅうかるいざわ -せいようのもり-》

雲場池の畔で大人の別荘体験

木々のぬくもりを感じる造りで、全客室に温泉を備える。料理は信州食材の日本料理を用意。

DATA ☎0570-0117-22（総合予約センター） 住軽井沢町軽井沢池之端道脇 交JR軽井沢駅から車で5分 室20室 MAP P137C2

▶暖炉をしつらえた客室（イメージ）

信州の食材を使用した食事が自慢のホテル

信州は高原野菜のほか、牛肉やきのこなどの食材の宝庫。
一流ホテル自慢の美食を堪能しませんか。

▲「レストラン ノーワンズレシピ」で、朝の光の中、そば粉のクレープがメインの野菜たっぷりの朝食を

中軽井沢

星野リゾート《ほしのりぞーと》 軽井沢ホテルブレストンコート《かるいざわほてるぶれすとんこーと》

緑に包まれて、美食のリゾートステイ

木立の中に立つリゾートホテル。客室は全室コテージスタイルで、別荘のようにくつろげる。美食ホテルとしても名高く、メインダイニングでは季節を愛でる心を大切にした優美な一皿が味わえるディナー(要予約)を。朝はすがすがしい森の空気を感じながら朝食専用のレストランへ。ガラス瓶に入った色とりどりのサラダやそば粉のクレープを楽しめる。

☎0267-46-6200 住軽井沢町星野 休冬期休業あり(要問合せ) 交JR軽井沢駅からシャトルバスで15分 送迎あり P160台 ●鉄筋地下1階地上2階 室39室 ●1964年開業(1995年リニューアル) ●客室風呂は温泉ではない ●風呂:全室バス付。隣接の「星野温泉 トンボの湯(☞P68)」入浴付 MAP P141D2

1 メインダイニング「ブレストンコート ユカワタン(☞P75)」は、森にたたずむ一軒家レストラン。写真は一頭買いした羊を使い切った一皿「羊のオートクチュール」 2 森の木々に囲まれたホテル 3 白を基調にした「デザイナーズコテージ」の客室

料金

1泊朝食付(2名1室/1名分)
1万8900円~
IN 15時/OUT 12時

Note

宿泊者のみ利用できる1階の「ザ・ラウンジ」では、オープンテラスでティータイムが過ごせます。

源泉かけ流し　ルームサービス　エステあり　禁煙ルームあり　大浴場あり　インターネット可　ひとり宿泊OK

木立に囲まれたコテージでBBQを

「軽井沢マリオットホテル」(☞P105)のコテージでは、周囲を気にせずBBQを楽しめます。信州産の肉6種、高原野菜、軽井沢ビールなどのドリンクが付きます。
¥9500円(ドリンク別、夏期限定で販売予定。当日12時までに要予約。2～4名対象)

信濃追分周辺

THE HIRAMATSU 軽井沢 御代田《ざ ひらまつ かるいざわ みよた》

美食のために過ごす大人の贅沢

6万㎡を超える敷地に、ヴィラ9棟と本館28室が贅沢に配された「森のグラン・オーベルジュ」。「One Stay, One Full Course」をコンセプトに、滞在におけるすべての時間をひとつのフルコースとして見立てている。研ぎ澄まされた五感を使い、「ひらまつ」で研鑽を積んだシェフの手がける最高の美食体験を堪能しよう。

☎0267-31-5680 住御代田町塩野375-723 休不定休 交しなの鉄道御代田駅から車で10分 送迎あり P37台 ●鉄筋5階 室37室 ●2021年3月開業 ●泉質：単純温泉 ●風呂：全客室に半露天風呂付 MAP P134B2

料金
1泊2食付(2名1室／1名分)
平　日　5万1300円～
休前日　5万5100円～
IN 15時／OUT 11時

Note
乗馬やトレッキングなどのアクティビティや、ウェルネスサロンでのボディケア。美食を楽しむためのサービスが充実しています。

1 小高い森に立つホテルのテラスからの眺めと一流の食体験を満喫 2 信州プレミアム牛と地元で育った新鮮野菜を使用した一皿 3 4 テラス込みで100㎡を超える37の客室は全室大塩温泉を堪能できる半露天風呂付き。写真はヴィラスイート

旧軽井沢

旧軽井沢KIKYO キュリオ・コレクションbyヒルトン《きゅうかるいざわききょう きゅりお・これくしょん ばいひるとん》

信州食材の魅力を生かした料理

土地の特色を生かしたホテルとリゾートを展開するヒルトンのコレクションブランド。ファインダイニング「ソノリテ」では、旬の信州産食材を使用したコース料理1万7500円(税・サービス料別、要予約)を提供。またカジュアルダイニング「ア・ターブル」では、アラカルトを中心に楽しめる。

☎0267-41-6990 住軽井沢町軽井沢491-5 休あり 交JR軽井沢駅から車で5分 送迎あり(宿泊者限定) P30台 ●鉄筋地下1階地上3階 室50室 ●2018年4月開業 ●温泉ではない ●風呂：内湯1 MAP P137D2

Note
「SILENT SPA」は24時まで入浴できます。テーマが異なる2つの大浴場は男女交代制で、どちらも楽しめます。

料金
1泊2食付(2名1室／1名分)
平　日　3万9000円～
休前日　7万3000円～
IN 15時／OUT 12時

1「ソノリテ」のコース料理の一例 2 モダンな雰囲気のバルコニー付きコートヤードデラックスルーム 3 光の演出が美しい「SILENT SPA」

軽井沢で泊まりたい 高原のおすすめホテル

軽井沢にはさまざまなタイプの宿泊施設が揃っています。
旅のスタイルに合わせて宿を選びましょう。

南軽井沢

ホテルインディゴ軽井沢《ほてるいんでぃごかるいざわ》

別荘で過ごしているような滞在を

浅間山麓の自然や、西洋と東洋が融合した文化が織りなす「別荘地・軽井沢」を体験できる、隠れ家のようなホテル。暖炉のあるロビーなど、館内の随所に街の歴史と文化が反映されている。薪火仕上げの料理を提供するイタリアンレストランや、タイの名門スパも入り、軽井沢ならではのステイを満喫できる。

☎0267-42-1100 住軽井沢町長倉屋敷添18-39 休無休 交JR軽井沢駅から無料シャトルバスで5分 送送迎あり P178台 ●地上2階 室155室 ●2022年2月開業 ●温泉ではない ●風呂：内湯1露天1 MAP P139C2

1 長野県産カラマツのぬくもりと軽井沢のアートを感じる客室が揃う。写真はスタンダードツイン
2 迫力の料理が味わえるイタリアンの「KAGARIBI」 3 炭酸泉露天風呂付き大浴場

料金

1泊2食付（2名1室／1名分）
- 平　日　3万3250円～
- 休前日　4万3750円～
- IN 15時／OUT 11時

Note

オールデイダイニング「KAGARIBI」は、宿泊者以外も利用でき、ランチ、ディナーともにアラカルトとコースを用意しています。

源泉かけ流し　ルームサービス　エステあり　禁煙ルームあり　大浴場あり　インターネット可　ひとり宿泊OK

軽井沢屈指の名門ホテルが長期休業中

明治27年(1894)の創業以来、変わらぬホスピタリティで、日本の政財界人や文人、外国人避暑客に愛されてきた「万平ホテル」。2024年の夏(予定)まで大規模な改修工事を行うため長期休業中です。

MAP P136B2

中軽井沢

軽井沢マリオットホテル《かるいざわまりおっとほてる》

木立の中の隠れ家リゾート

全室39㎡のゆとりある造りの客室棟「ノースウイング」は、滞在中いつでも楽しめる温泉付き。メインウイングにはグリル料理が味わえるレストランや、白糸の滝をモチーフにした大浴場などの施設が充実。信州の契約農家から届く新鮮な高原野菜などの信州産の食材を使ったディナーも楽しみだ。

☎0267-46-6611 住軽井沢町長倉4339 休無休 交JR軽井沢駅から車で15分 送送迎あり P79台 ●鉄筋地下2階地上2階 室132室、コテージ10室 ●2016年7月開業 ●泉質:アルカリ性単純温泉 ●風呂:内湯1 露天1 MAP P141C3

料金

1泊2食付(2名1室/1名分)
- 平　日　3万855円～
- 休前日　4万6585円～

IN 15時/OUT 11時

Note

ディナーはNAGANO WINEと相性がいい料理を楽しめるコース「Prime Shinshu」1万5000円～(税・サ別)がおすすめ。

1 客室に温泉露天風呂が付くノースウイング 2 秋のコース料理の一例 3 メインウイングの温泉は日帰り利用もできる

新軽井沢

TWIN-LINE HOTEL KARUIZAWA JAPAN《とぅいん-らいん ほてる かるいざわ じゃぱん》

シェア空間とプライベート空間で有意義な時間を過ごせるホテル

木の温もりを感じられる客室は、コンパクトで使い勝手のよいプライベート空間。新しい情報と出合えるシェアスペースでは人との交流を楽しめる。ラウンジやスペイン料理を味わえるレストランほか、信州ワインを楽しめるバーやカフェもあり、ゲストを飽きさせない趣向が満載。

☎0267-42-2121 住軽井沢町軽井沢1151-11 休無休 交JR軽井沢駅から徒歩7分 送送迎あり(要予約) P47台 ●鉄筋 室51室 ●2020年7月開業 ●温泉ではない ●風呂:全室バス付 MAP P137D2

料金

1泊朝食付(2名1室/1名分)
- 平　日　9000円～
- 休前日　1万2000円～

IN 15時/OUT 11時

Note

館内には「TWIN」をモチーフにしたアートやグラフィックなどが並んでいます。ぜひ探してみましょう。

1 チェック柄でデザインされたデラックスツインルーム 2 10種類以上のバスソルトを用意。香りも効能も多彩だ 3 吹き抜けのラウンジスペースで語り合おう

旧軽井沢

つるや旅館《つるやりょかん》

多くの文人が逗留した 創業400年の老舗旅館

江戸時代に、中山道の旅籠鶴屋として開業した和風旅館。明治から昭和にかけて、志賀直哉、谷崎潤一郎、芥川龍之介など多くの文豪が滞在し、執筆に勤しんだことで知られる。客室は和室16室のほか、和洋室3室、洋室6室を用意。館内には昭和初期の調度品や、軽井沢彫りの家具などが置かれ、時代を重ねた宿ならではの落ち着いた雰囲気を醸し出している。

料金
1泊2食付（2名1室／1名分）
平　日　2万2000円～
休前日　2万3100円～
IN 14時／OUT 11時

Note
江戸時代の〝休泊茶屋〟のころから続く、アットホームなもてなしが好評。3世代にわたるリピーターも。旧軽銀座散策にも便利です。

☎0267-42-5555 住軽井沢町軽井沢678 休無休 交バス停旧軽井沢から徒歩8分 送迎なし P25台 ●鉄筋2階(本館) 室25室 ●江戸時代初期開業 ●風呂：内湯2 MAP P136A1

1大正時代に建てられた奥館の客室 2旧軽井沢通りに面した玄関。玄関前で撮影する人も多い

1ロフトスタイルの客室ヤグラルーム 2 24時間利用できるパブリックスペース「TAMARIBA」

料金
1泊室料
1万8000円～(食事別・税別)
IN 15時／OUT 11時

Note
宿泊者は徒歩10分で到着する、星野温泉 トンボの湯（☞P68）をお得に利用できます（詳細は公式HPを確認）。

☎050-3134-8094 住軽井沢町星野 休冬期休業あり（要問合せ）交しなの鉄道中軽井沢駅から車で5分 送迎なし P52台 ●木造2階 室73室 ●2019年2月開業 ●風呂：全室バス付 MAP P141D2

中軽井沢

星野リゾート《ほしのりぞーと》　BEB5軽井沢《べぶふぁいぶかるいざわ》

周辺施設も充実したエリアにある 遊び心満載のリゾートホテル

ハルニレテラス（☞P58）がある軽井沢星野エリアにあるホテル。秘密基地のような客室や、スタッフが数々のハプニングをあえて起こす「ハプニングステイ」という宿泊プラン（4日前までに要予約）など、ホテルに滞在中も楽しめる工夫が盛りだくさんだ。食事は近隣のレストランを利用する。ホテル内「TAMARIBA」のカフェなどは24時間オープンしている。

南軽井沢

ルゼ・ヴィラ《るぜ・ゔぃら》

ガーデンに囲まれた 贅沢な隠れ家ホテル

全室にリビングやバスルームを備えた高級感あふれるラグジュアリーホテル。アンティークの調度品を設えた客室やラウンジは、まるでヨーロッパの邸宅のよう。リゾートならではのくつろぎの空間が広がる。約4500株のバラや季節の草花が咲き誇るレイクガーデンに隣接し、窓の外には絵画のような風景が広がる。6月中旬～9月下旬のバラの開花時期は混み合うので早めに予約を。

料金
1泊朝食付（2名1室／2名分）
3万5000円～
IN 15時／OUT 11時

Note
各部屋のダイニングで、ルームサービスのディナーも提供可。8800円～（要予約）。詳細は要問合せ。

☎0267-48-1626 住軽井沢町発地渡り道342 休12月26日～4月中旬 交バス停ニュータウン入口から徒歩3分 送迎なし P5台 ●木造2階 室5室 ●2009年4月開業 ●風呂：全室バス付 MAP P138B3

1全5室の客室はすべてスイートルーム 2プライベートガーデンを眺めながら朝食が食べられる

新軽井沢

ホテルマロウド軽井沢《ほてるまろうどかるいざわ》

本格フレンチで至福のときを

矢ヶ崎川の畔、喧噪を離れた裏通りにあるホテル。シンプルで機能的な客室と、メインダイニングで味わえる、高原野菜や本場フランスの食材を盛り込んだディナーコースなどが人気。DATA ☎0267-42-8444 住軽井沢町軽井沢1178 ¥1泊2食付 平日1万5950円～ 休前日1万6500円～ ⏲IN15時 OUT11時 休無休 交JR軽井沢駅から徒歩10分 送迎あり P60台 ●鉄筋2階 室41室 ●1985年6月開業 ●風呂：全室バストイレ付 MAP P137D2

新軽井沢

旧軽井沢ホテル《きゅうかるいざわほてる》 音羽ノ森《おとわのもり》

格調高いクラシカルな雰囲気が◎

旧軽井沢の森の中にたたずみ、クラシカルレトロな雰囲気のホテル。8つの客室タイプのうち、中庭を眺められる部屋が特に人気。食事は「レストラン 桂姫」のフレンチや「炭火串焼 音羽亭」の焼鳥会席で満喫できる。DATA ☎0267-42-7711 住軽井沢町軽井沢1323-980 ¥1泊2食付 平日1万8370円～ 休前日2万2000円～ ⏲IN15時 OUT11時 休無休 交JR軽井沢駅から徒歩12分 送迎なし P40台 ●鉄筋2階 室38室 ●1982年7月開業 ●風呂：全室バス付 MAP P137D2

新軽井沢

軽井沢ホテル《かるいざわほてる》 ロンギングハウス《ろんぎんぐはうす》

美食とスパで癒やしのひとときを

キッチン付き洋室や岩盤浴付き洋室など、多彩な客室が揃う。エステ・スパ棟は女性専用で、露天風呂や岩盤浴などを楽しめる。朝夕食は、併設の「野菜がおいしいレストラン」(☞P88)で。DATA ☎0267-42-7355 住軽井沢町軽井沢軽井沢泉の里 ¥1泊2食付 平日1万3800円～ 休前日1万8800円～ ⏲IN15時 OUT11時 休無休（メンテナンス休業あり）交JR軽井沢駅から車で5分 送迎あり P67台 ●木造2階 室67室 ●1981年開業 ●風呂：貸切露天10 MAP P136B3

新軽井沢

ホテルサイプレス軽井沢《ほてるさいぷれすかるいざわ》

快適な客室が自慢のリゾートホテル

バルコニーやキッチン付き、露天風呂付き客室など、多様な部屋を用意。大浴場ではサウナで心地よい時間を過ごせる。森をイメージしたガーデンテラスもある。DATA ☎0267-42-0011 住軽井沢町軽井沢東287-1 ¥1泊2食付 平日9000円～ 休前日2万円～ ⏲IN15時 OUT11時 休冬期休業あり（要問合せ）交JR軽井沢駅から徒歩15分 送迎なし P70台 ●鉄筋3階 室86室 ●1992年5月開業 ●風呂：内湯2、外湯2 MAP P137C3

※ひとり宿泊OKは時期により異なる

旧軽井沢

ホテル鹿島ノ森《ほてるかじまのもり》

自然豊かな森に囲まれたホテル

約3万3000㎡の鹿島の森に立ち、全客室から庭を眺められる。昭和31年（1956）にゴルフ場のロッジとして誕生し、財界人が集まる華やかな社交場として発展してきた歴史をもつ。DATA ☎0267-42-3535 住軽井沢町軽井沢1373-6 ¥1泊室料 ツイン2万7000円～ ⏲IN15時 OUT12時 休冬季休業あり（要問合せ）交JR軽井沢駅から車で8分 送迎なし P50台 ●鉄筋2階 室50室 ●1977年7月開業 ●風呂：全室バス付 MAP P137C1

南軽井沢

ゆとりろ軽井沢ホテル《ゆとりろかるいざわほてる》

多様なニーズに応える客室が魅力

大理石を床に利用したロビーやレストランなど、優雅な雰囲気が漂うホテル。洋室や和洋室など5タイプの客室が揃う。旬の素材を使った創作フレンチディナーも評判。DATA ☎0570-783-233（予約センター）住軽井沢町長倉1276 ¥1泊2食付 平日1万5400円～ 休前日1万7600円～ ⏲IN15時 OUT10時 休無休 交JR軽井沢駅から車で18分 送迎あり P60台 ●鉄筋2階 室39室 ●2017年2月開業 ●風呂：内湯2 MAP P138A1

中軽井沢

ドーミー倶楽部《どーみーくらぶ》 軽井沢《かるいざわ》

軽井沢の自然と過ごす休日

緑に囲まれた別荘地にたたずむ小さな洋館のホテルで、おすすめは和モダンな造りの和洋室。夜は創作フレンチのコース料理、朝はふわとろオムレツが味わえる。DATA ☎0267-44-3411 住軽井沢町千ヶ滝中区482 ¥1泊2食付 平日1万4800円～ 休前日1万8800円～ ⏲IN15時 OUT10時 休休館日あり 交JR軽井沢駅から車で15分 しなの鉄道中軽井沢駅から送迎あり P29台 ●木造2階 室24室 ●2002年開業、2006年リニューアル ●風呂：内湯2 露天2 MAP P141D1

中軽井沢

アートホテル《あーとほてる》 ヴィラ11《うぃらいれぶん》

ワンちゃんOKのデザイナーズホテル

1000坪の敷地にわずか13室のラグジュアリーなデザイン。天然芝のドッグランを備え、愛犬と快適に過ごせる。DATA ☎0267-46-1711 住軽井沢町千ヶ滝2147 ¥1泊朝食付 平日7000円～ 休前日1万円～（10kg未満の室内犬2頭まで無料。3頭目～1泊2000円／1頭）⏲IN16時 OUT11時 休冬期休業あり（要問合せ）交JR軽井沢駅から車で15分 送迎なし P12台 ●鉄筋2階 室13室 ●2011年4月開業 ●風呂：全室バス付 MAP P141D1

文学者たちをひきつけた「空の見える書斎」軽井沢

自然環境と西洋文化を先進的に取り入れた風土に引かれて、多くの文学者が軽井沢を訪れ、執筆の場としてきました。

クローズアップ 堀辰雄

避暑地として見出されて以来、多くの文学者たちが訪れている軽井沢。なかでも室生犀星や芥川龍之介に師事し、文学の道を歩んだ堀辰雄は、とくにゆかりが深い。

大正12年（1923）に、室生犀星に連れられ初めて軽井沢を訪れた堀辰雄は、この地の自然を気に入り、毎年のように訪れ、軽井沢を舞台にした作品も多く執筆した。昭和9年（1934）ごろからはたびたび信濃追分に滞在するようになり、軽井沢滞在中の体験をもとにした『美しい村』『風立ちぬ』『ふるさとびと』『菜穂子』などの小説を発表。作品中、信濃追分は〝O村〟、〝分去れの村〟として登場している。堀辰雄を慕って、津村信夫、立原道造、福永武彦といった文人たちも軽井沢や信濃追分に集まり、作品を残している。堀辰雄はのちに追分に自宅（堀辰雄文学記念館☞P115）を建て、ここで生涯を終えるが、それ以前に滞在、執筆していたのが「油屋旅館」（☞P116）。軽井沢高原文庫（☞P47）には、ゆかりの作家たちの原稿、書簡などが収集、展示されている。

自然と人のはざまに「本」をおいてみませんか？

～古書追分コロニー店主　斎藤祐子～

「本はともだち」と物書きは、自らの百歳を祝う催し物に飾る色紙に、少し震える字でこう書きました。その人の名は石井桃子。最晩年まで執筆や翻訳の仕事をたくさん残しました。この色紙の言葉は、なにより彼女のその長い卓越した人生の中の「真実のしずくの一滴」のように思われてなりません。

軽井沢町追分の林の中の山荘で、毎年夏の間ずっと滞在し精力的に仕事をしていた石井桃子のように、軽井沢で文学を生み出したり、翻訳作業をしたり、勉学にいそしむ人が多いのは、ここが思索に耽り、原稿用紙に向かうのに適した「なだらかさと涼しさと静けさ」をもっていることによるのでしょう。浅間山から続く緩斜面はあたかも「空の見える書斎」のような場所。かつて夏には大学受験や司法試験を目指す受験生の滞在も多かったとのこと。今でも保養所や学校の寮などが数多く点在します。

雑踏の中とも、山の天辺とも違う、自然と人間の住むところのちょうど結界のような軽井沢。時には宇宙の彼方に思いをはせ、あるいは人間世界の葛藤模様といった二つの違う世界のせめぎあいが、この境界で頭と心をゆらゆらと揺らします。なにより寂しいくらいの静けさで、モノを書くという作業に没頭できます。ここはそんな書斎空間。

その昔、街道が繁栄していた時代があったと想像することはむずかしいほど、いまでは江戸時代の名残りはごく僅か。でもむしろ失われてしまったからこそ、見えないものが見える人たちは、その独特な空気を感じて、軽井沢を再三訪れるようになり、浅間山の周辺には、夏だけでなく移住する作家やアーティスト、音楽家が最近増えています。

浅間山南麓に広がる標高1000mの高原には、本がよく似合います。かつて、多くの文学者が散歩をしたり、執筆活動をしたり、時には文学論を戦わせた場所でもあった軽井沢。この今なお静かな書斎のような空間には、ゆっくりと本をめくる時間がふさわしいと思います。

しなの鉄道中軽井沢駅舎の中には図書館がありますし、町内には「堀辰雄文学記念館」（追分)をはじめ、本棚を置いている喫茶店や、「高原文庫」（タリアセン内)や「絵本の森美術館」(塩沢)、「朗読館」(千ヶ滝)など、本にかかわる施設がいろいろあります。これからも「本のまち軽井沢」であり続けてほしいなと思います。あなたの鞄の中に一冊の本は入っていますか？
「本はともだち」です！

ひと足延ばせば違った風景や
おいしいものにも出合えそう

軽井沢を満喫したら、近郊へも足を延ばしてみましょう。
北軽井沢の絶景ドライブや、昔懐かしい街並みの信濃追分。
小諸ではワイナリーめぐりも楽しめます。
軽井沢にプラスして回れば、旅がさらに充実するはず。

浅間山麓の2大王道スポットへ のんびりドライブしましょ♪

軽井沢から
車で約20分

浅間山の北東麓に広がる高原エリアはドライブに最適です。
白糸の滝と鬼押出し園の2大名所を一気に巡りましょう。

▲軽井沢を代表する景勝地として知られる

▶遊歩道の脇には小川が流れる

白糸の滝《しらいとのたき》

水のカーテンに癒やされる

浅間山の伏流水が湧き出る、高さ3m、幅70mの滝。水面に反射した木立の緑や、苔むした岩肌からにじみ出る水の筋が美しく、あたりは清涼感に包まれる。

☎0267-45-6050（軽井沢観光案内所/くつかけテラス内）住軽井沢町長倉（白糸ハイランドウェイ途中）¥ 時 休散策自由 交JR軽井沢駅から草軽交通バスで23分、白糸の滝下車、徒歩5分 P200台 MAP P111B2

＼ちょっと立ち寄り！／

草軽交通《くさかるこうつう》 白糸の滝売店《しらいとのたきばいてん》

☎0267-46-1337 住軽井沢町白糸ハイランドウェイ途中 時9～17時 休無休（11月中旬～4月中旬は臨時休業あり）交JR軽井沢駅から草軽交通バスで23分、白糸の滝下車すぐ P200台 MAP P111B2

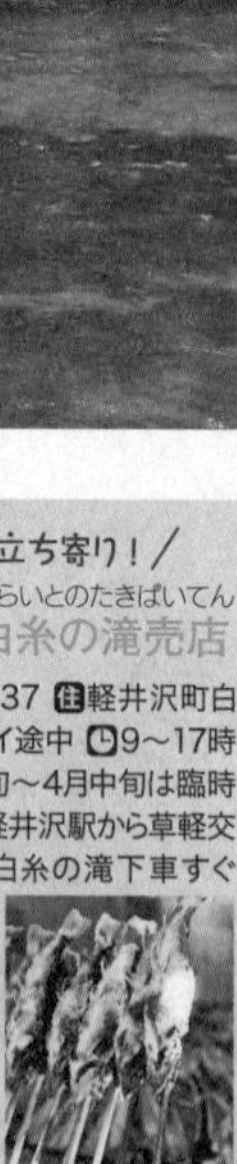

▶約15分かけて炭火でじっくり焼いたイワナ（1匹800円）が人気

白糸ハイランドウェイ《しらいとはいらんどうぇい》

季節を感じられるドライブコース

旧軽井沢から峰の茶屋までを結ぶ全長約10㎞の観光有料道路。木々に囲まれた大自然のトンネルを抜けると、白糸の滝の入口に着く。

☎0267-31-0070 住軽井沢町長倉（小瀬料金所）¥普通自動車500円 時時期により異なる（HPで要確認）休無休 交JR軽井沢駅から車で13分 MAP P111B2

▲マイナスイオンを感じながら走り抜けよう

ライトアップで幻想的な滝に

7月下旬～8月下旬に開催するイベント「軽井沢白糸の滝 真夏のライトアップ」。暗闇に包まれた白糸の滝を照らす美しいライトアップは、光量、色味、制作方法など自然環境にも配慮しています。白糸ハイランドウェイの通行料金が必要。

☎0267-31-0070（白糸ハイランドウェイ） MAP P111B2

「絶景ドライブ100選」にも選出されている

鬼押ハイウェー《おにおしはいうぇー》

浅間山を一望できる

長野県から群馬県をまで結ぶ全長約16kmの壮大な景色が楽しめる有料道路。

☎0279-97-3123 ¥峰の茶屋～鬼押出し園普通自動車280円、鬼押出し～三原370円 交JR軽井沢駅から鬼押ハイウェー入口まで車で30分 MAP P111A1～2・B2

◀爽快な気分になれること間違いなし！

▲溶岩流の迫力に圧倒される

鬼押出し園《おにおしだしえん》

自然の驚異を物語る奇岩群

浅間山の溶岩石が散在する園内に、散策コースが整備されている。高山植物、紅葉、雪景色と、四季の大自然を体感しよう。ペット同伴OK（要リード）。

☎0279-86-4141 住群馬県嬬恋村鎌原1053 ¥入園700円 営8～17時（最終入園16時30分、季節により変動あり） 休無休 交JR軽井沢駅から西武観光バスで40分、鬼押出し園下車すぐ P750台 MAP P111A2

▲木物そっくりなごま風味の溶岩クッキー440円

▲鬼押出し園のマスコット・鬼ベアー赤3520円、青3080円

白糸の滝へは、峰の茶屋から旧三笠ホテル近くまでの約10kmの信濃路自然歩道（MAP P135C2）を歩いて散策することもできます。

浅間山の麓に広がる 北軽井沢のレジャースポット

軽井沢から
車で約45分

北軽井沢エリアには、豊かな自然を生かしたスポットが点在。
緑に癒やされながら、思いっきり遊んでみませんか。

北軽井沢って こんなところ

雄大な浅間山麓の自然を満喫

浅間山の裾野に広がる高原エリア。群馬県長野原町や嬬恋村の一帯を指す。標高1200mにあり、夏でもひんやりとした環境は別荘地として人気がある。ハイキングやアスレチック、体験スポットなど、自然とふれあえるレジャー施設が充実している。

問合せ ☎0279-84-2047(北軽井沢観光協会)
アクセス JR軽井沢駅から草軽交通バス／西武観光バスで約40分　MAP P135C1

▲大正時代築、浅間山北麓最古の洋館が立つ

ルオムの森《るおむのもり》

築100年の洋館でゆっくりとした時間を

自然とのつながりを感じられるヒントがたくさん詰まった森林体験施設。百年前に建てられた洋館にはギャラリーやコーヒーを飲める本屋があり、自家採蜜のハチミツなども販売している。森には季節の山野草が咲く散策路や遊具があり、童心に帰って静と動の森の時間を過ごせる。

☎0279-84-1733 住群馬県長野原町北軽井沢1984-239 ¥入場無料 ⏲11～17時(季節により変動あり) 休火～木曜(GW・夏休み期間は無休) 交JR軽井沢駅から車で45分 P70台 MAP P111B1

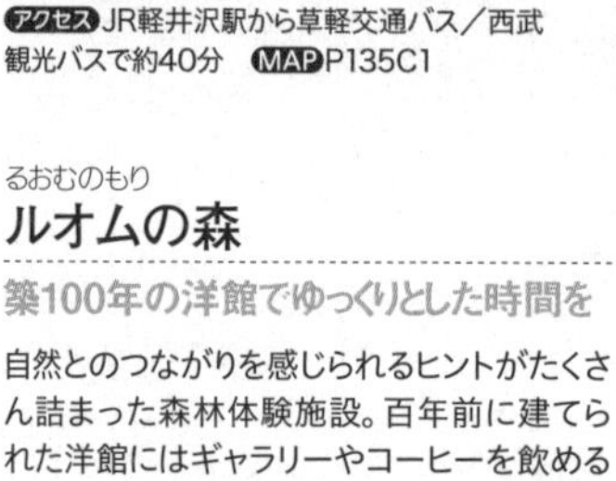

▲風が通り、気持ちのよい森のテラス

ショップ

浅間山北麓で採蜜したハチミツや、ハチミツと地元野菜で作った調味料などを販売。無添加・非加熱の生ハチミツ「百蜜」は栄養価が高く、時間とともに味が変化するのが特徴。森のテラスではハチミツを使ったドリンクも味わえる。

▲店内では「百蜜」の試食もできる

▲蜜のうまだれ1000円。「百蜜」と北軽井沢産の野菜で作る万能ダレ(左)。「百蜜」とイタリアントマトで作ったソースmitsutoma 2000円(右)

本屋

女性ユニット「おむすびブックス」が選んだ本を販売。物書きの梅さんと書籍編集者の鮭さんがさまざまなテーマに沿って選書。気軽に手に取り、新しい本との出合いを楽しもう。

◀自然に関する書籍も多く取り揃える。週末に読みたい本が見つかるかも

多彩な スタイルで 楽しめる大人気 キャンプ場

「北軽井沢スウィートグラス」は、エリアきっての人気を誇るキャンプ場。約3万坪の敷地には、テントサイト、コテージやキャビン、宿泊できるツリーハウスもあり、通年で利用できます。予約はオンライン、電話ともに2カ月前から。

☎0279-84-2512(予約専用) MAP P111B1

浅間大滝《あさまおおたき》

静寂な林の中に水音が響き、滝のパワーを感じる

幅2m、高さ10mの浅間高原最大級の滝。黒い岩肌と豪快に流れ落ちる白い水しぶきのコントラストが美しい。浅間大滝の下流、徒歩5分にある魚止めの滝は、3段の落差が迫力満点だ。

☎0279-84-2047(北軽井沢観光協会) 住群馬県長野原町北軽井沢 ¥◷休散策自由 交JR軽井沢駅から車で40分、滝入口駐車場から徒歩5分 MAP P111B1

▲滝壺のすぐ近くまで歩いて行くことができる

▲標高1300mに広がる牧場

▲茶屋で人気のモカソフト500円

浅間牧場《あさまぼくじょう》

映画の舞台になった牧場

日本初のカラー映画『カルメン故郷に帰る』のロケ地としても有名。茶屋もある。

☎0279-84-3698(浅間牧場茶屋) 住群馬県長野原町北軽井沢1990 ¥入場無料 ◷施設は8時30分～17時(12～3月は9～16時) 休夏期無休(12～3月は火・金曜) 交JR軽井沢駅から草軽交通バス北軽井沢行きで40分、浅間牧場下車すぐ P150台 MAP P111B2

D-Café《でぃーかふぇ》

木立の中でランチタイムを

60年代のアメリカ風のデザインで統一された一軒家カフェ。木々に囲まれ、苔むした庭の中にある広いテラス席で食べよう。

☎0279-84-1083 住群馬県嬬恋村鎌原1053-566 ◷8～18時(季節により変動) 休水曜(祝日の場合は営業。8月は無休、12～3月は休業) 交JR軽井沢駅から車で45分 P8台 MAP P111B1

1 手作りソーセージのホットドック(コーヒー付き)1380円はランチに人気 2 ログハウス風の外観

森のサンドイッチやさん《もりのさんどいっちやさん》

天然酵母パンのサンドイッチ

白根山を望みながら、自家製天然酵母パンに、高原野菜やハーブをたっぷり挟んだサンドイッチを。ハーブティーやジェラートもおすすめ。

☎0279-84-6295(大自然生活館 華) 住群馬県長野原町北軽井沢1990-4053 ◷GW、夏期の10～16時 休期間中無休 交JR軽井沢駅から車で45分 P50台 MAP P111B1

1 サンドイッチ432円～と、ハーブティー216円 2 森の中にベーカリーやハーブ工場もある

「ルオムの森」ではコーヒーやはちみつドリンク各500円も楽しめます。

ひと足延ばして　信濃追分

宿場町の面影を探して。旧中山道・追分宿さんぽ

軽井沢から
車で約20分

落ち着いた風情の信濃追分は、美しい村の名にふさわしく、ゆっくりおさんぽを楽しむのにお手軽なエリアです。

＋信濃追分ってこんなところ

宿場町に残る史跡や文学の足跡を訪ねる

江戸から数えて20番目の宿場町「追分宿」があった町。作家・堀辰雄は晩年の2年間をここで過ごした。往時を偲ばせる宿場町風情が色濃く残り、文学の薫りと史跡めぐりをしながら散策を楽しめる。人気のベーカリーやカフェも点在。

問合せ ☎0267-45-6050(軽井沢観光案内所/くつかけテラス内)
アクセス JR軽井沢駅から車で約20分／しなの鉄道で軽井沢駅から信濃追分駅まで約8分　MAP P134B2～P135C2

◀大きな常夜灯が目印で道標や碑があり、近くには宿場町の風情を伝える枡形の茶屋「つがるや」の建物も残る

▲追分の旧道は、風情が漂う石畳風のおさんぽストリート

1 追分の分去れ《おいわけのわかされ》

越後と木曽への分かれ道

京都に向かう中山道と越後に通じる北国街道の分岐点。「分去れ」という名の由来は旅人同士がここで別れを惜しみ、袂（たもと）を分けて旅を続けたことからといわれている。

☎0267-45-6050（軽井沢観光案内所/くつかけテラス内）住軽井沢町追分 ¥営休見学自由 交しなの鉄道信濃追分駅から徒歩30分 Pなし MAP P140A1

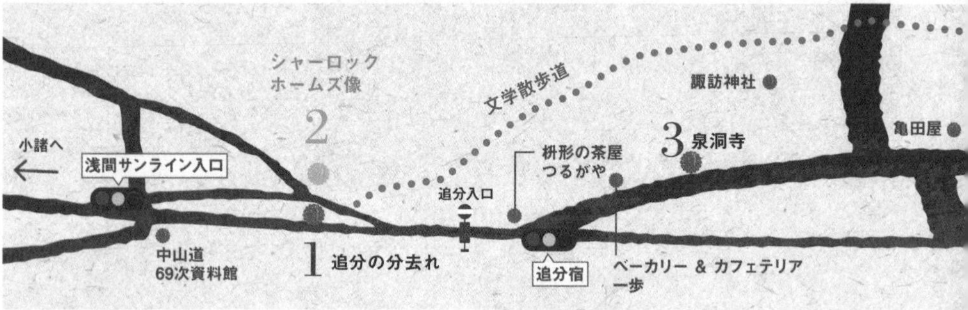

▲ホームズと追分の関係は謎!?

2 シャーロックホームズ像《しゃーろっくほーむずぞう》

緑陰にたたずむホームズ

翻訳家・延原謙が追分の別荘でシャーロック・ホームズの物語を翻訳した縁で、シャーロック・ホームズ登場100周年を記念して有志により建てられた銅像。☎0267-45-6050（軽井沢観光案内所/くつかけテラス内）住軽井沢町追分 ¥営休見学自由 交しなの鉄道信濃追分駅から徒歩30分 Pなし MAP P140A1

3 泉洞寺《せんとうじ》

文人が愛した禅寺には、さまざまなお地蔵さまも

慶長3年（1598）創建の曹洞宗の寺。墓地内には、首をかしげて左手を頬にあてる姿から歯痛地蔵尊と親しまれてきた小さな石仏があり、堀辰雄の作品『樹下』にも登場する。☎0267-45-1354 住軽井沢町追分 ¥営休境内自由 交しなの鉄道信濃追分駅から徒歩25分 P50台 MAP P140A1

▶境内には、追分出身の書家・稲垣黄鶴の句碑が立つ

歩いてみたい文学散歩道

追分旧道の北側の林の中には、堀辰雄や立原道造、福永武彦らも散策したであろう文学散歩道があります。ひかえめな標識を追いながら、高原の自然を感じて静かに歩きましょう。

▲くるみぼたんは1個30円～

4 布来籠工房ままごと屋。《ふくろうこうぼうままごとや。》

古布を生かした小物がキラリ!

江戸時代の旅籠を改装したモダンな雑貨店。新物や古物、常時5名以上の作家の作品が並ぶ店内では古布で作った小物が人気だ。ハンドメイドの作品も扱っており、一点ものも多い。☎0267-45-4008 住軽井沢町追分604 ⏲11～17時（季節により変動あり）休水曜（11～4月ごろは火～木曜不定休、冬期休業あり）交しなの鉄道信濃追分駅から徒歩25分 Pなし MAP P140A1

▼風情ある築250年以上の旅籠が生かされている

5 追分宿郷土館《おいわけじゅくきょうどかん》

宿場町の歴史資料館

軽井沢、沓掛、追分と浅間根腰の三宿のうち、もっとも賑わった江戸時代の追分宿の歴史を中心に紹介する。☎0267-45-1466 住軽井沢町追分1155-8 ¥400円（堀辰雄文学記念館と共通）⏲9時～16時30分最終入館 休水曜（祝日の場合は開館、7月15日～10月31日は無休）交しなの鉄道信濃追分駅から徒歩20分 P50台 MAP P140B1

▶旅籠を模した造りの建物。内部には当時の茶屋も復元

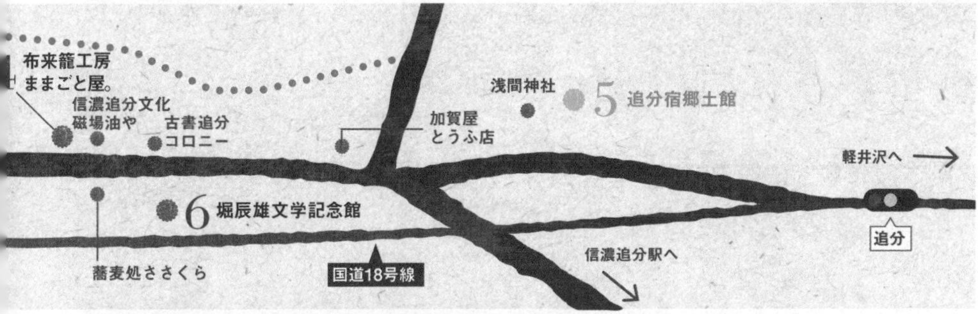

▲晩年を過ごした旧宅。掛軸は川端康成から新築記念に贈られたもの

▲愛蔵書が納められた書庫。本（複製）の並び順にも注目したい

6 堀辰雄文学記念館《ほりたつおぶんがくきねんかん》

晩年を過ごした住居や書庫を見学

軽井沢をこよなく愛し、追分で晩年を過ごした作家・堀辰雄の文学館。終焉を迎えた家や書庫、堀辰雄の妻・多恵がのちに建てた邸宅、文学碑などがあり、作家の生涯を知ることができる。☎0267-45-2050 住軽井沢町追分662 ¥400円（追分宿郷土館と共通）⏲9～17時（最終入館16時30分）休水曜（祝日の場合は開館、7月15日～10月31日は無休）交しなの鉄道信濃追分駅から徒歩25分 P15台 MAP P140B1

文化人らが愛した信濃追分が
アート&カルチャーの発信地に！

軽井沢から
車で約18分

追分宿のランドマークともいえる存在だった旅館の建物を保存活用。
ギャラリーやカフェでは、さまざまなアートにふれあえ、街道歩きに楽しみがプラス。

▲ワークショップや骨董市も開催される。詳しくは油やプロジェクトHPで

信濃追分文化磁場油や《しなのおいわけぶんかじばあぶらや》

アート、クラフト、古書の文化発信地

かつて宿場町として栄え、多くの旅人が行き交った追分宿。宿場の中心にあった油屋旅館を拠点にたくさんの文学作品や交流が生まれた。油やは、「文化」を引きつけ生み出してきた場所の力を借り、昭和13年（1938）築の建物を生かし、新しい軽井沢の魅力を掘り起こしていく活動拠点を目指している。ギャラリー、ブックカフェ、アートショップ、工房、多目的スペースなどが集合。

☎0267-31-6511 住軽井沢町追分607 ⏲11～17時 休火・水曜（夏期は無休、冬期は休業） 交しなの鉄道信濃追分駅から徒歩25分 P10台 MAP P140B1

▲カラフルな絵柄のオリジナルポストカードは1枚150円～

ギャラリー《ぎゃらりー》 沙庭《さにわ》

心につかえるアートを追求する

アートを生活に取り込むべく活躍する美術家・グラフィックデザイナーである中村仁が主宰、プロデュースするギャラリー。作品展示のほか、アーティストグッズも販売。

▶そばちょこ3000円～。色絵ぐいのみ1万円～など

◀その昔油屋旅館と和泉屋とで考案した銘菓「しなの追分」も味わうことができる

追分喫茶室《おいわけきっさしつ》 crossroad・café《くろすろーど・かふぇ》

油や回廊の見学後に訪れたい

玄関を入った左手は、旅館として使われていた時代のロビーを喫茶店として使っている。昭和13年（1938）の建築当時からある欄間が黒光りし、レトロな空間が広がる。

▲建物の天井や柱を生かしたギャラリー

▲NPO法人「油やプロジェクト」が運営

のちのおもひに　立原道造
夢はいつもかえって行った
山の麓のさびしい村に

▲店内では本を読みながらゆっくりコーヒー400円～を飲むこともできる

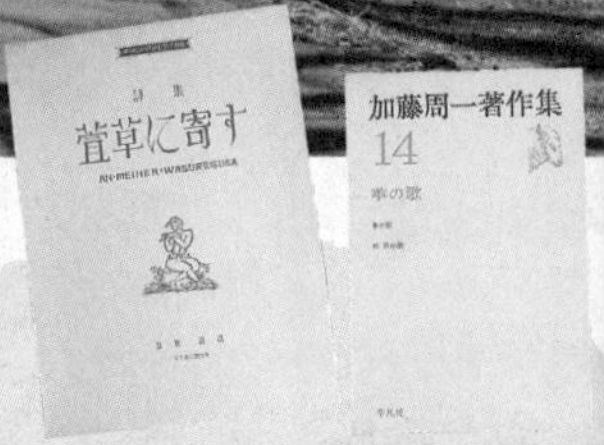

▲『わすれ草に寄す』立原道造　▲『加藤周一著作集』

▲「旅籠」を模した建物が目を引く

▲『頑草亭百花譜』福永武彦

▼書棚はジャンルごとに構成されている

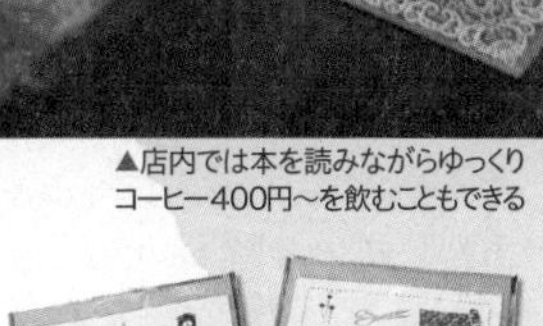

▲コロニーオリジナル柄（左）もあるざらざら紙レターセット（星燈社）各380円～

▲店頭には「正直文庫」が

古書追分コロニー《こしょおいわけころにー》

古書店&ブックカフェ

追分の地を愛し、建築家や詩人として活動し、夭逝した立原道造の卒業制作「浅間山麓に位する芸術家コロニイの建築群」に由来したという店名の古書店&カフェ。エコロジーやエコノミー、軽井沢ゆかりの作品など、テーマごとに並んだ書棚が見やすく、時を忘れて本の世界へ。

☎0267-46-8088 住軽井沢町追分612 ⏰12～17時 休火・水曜（祝日の場合は営業、夏期は無休、1～3月は不定休）交しなの鉄道信濃追分駅から徒歩25分 P 5台 MAP P140B1

10月中旬には、油やの建物内と庭で、本、アート、クラフトなどのお店があつまる「ホンモノ市」が開催されます。

わざわざ行きたい！注目おしゃれカフェ＆ショップ

軽井沢から車で約15分

カフェが充実している信濃追分と浅間山麓の1000m林道や浅間サンライン。人気のカフェに加えて、新しいお店が次々にオープンしています。

▲テーブル席のほかに、ゆったりくつろげる大きなソファ席もある

RK GARDEN《あーるけい がーでん》 OK

オープンエアな店内で美的ヴィーガン料理を

花屋に隣接する女性に人気のカフェレストラン。2階の店内は、ガラス窓がなく高原の風が吹き抜け、ウッディで緑に囲まれた癒やしの空間。軽井沢産の野菜を中心に、素朴で体にやさしいヴィーガン料理を提供している。

▲2018年度のグッドデザイン賞を受賞したオシャレな店舗

☎0267-31-5330 住軽井沢町追分1138-1 🕒11～17時（16時LO、土・日曜、祝日は9時～）休火曜（11～4月は冬期休業）交しなの鉄道信濃追分駅から徒歩15分 P追分公共駐車場利用 MAP P140B1

季節の高原野菜とプチトマトの自家製ヴィーガンキッシュ

生地に全粒粉と豆腐を使い、季節の野菜を合わせて焼き上げた。野菜スープ付き。1830円

ランチセット

前菜、ガレット、クレープ、ドリンクが付く。2100円～

▲ヨーロッパの田園風景のようなロケーション

▲半年間かけてDIY改装したレストランスペース

L'Auberge du Gourmand《おーべるじゅ でゅ ぐるまん》 OK

そば粉のガレットが人気

御影用水温水路畔にあり、晴れた日は正面に浅間山が望める。フランスで学んだシェフが作るガレット、クレープ、フランス料理はどれも美味。宿泊はHPまたは電話で要問い合わせ。

☎0267-31-6554 住御代田町御代田4108-1902 🕒11～15時、17時30分～21時（季節により変動あり）休火曜、月曜ディナー（冬期休業あり）交しなの鉄道御代田駅から車で5分 Pあり MAP P140A2

ゆずピールとクリームチーズのパン
発酵バターを使ったザクザクした食感が特徴のパン。400円

ライ麦カンパーニュいちじく
ライ麦30%使用。ワインにも合う、素朴なカンパーニュ。1000円

クランベリーとくるみ
キュンと甘酸っぱくておやつにもおすすめ。640円

ベーカリー & カフェテリア 一歩《べーかりー あんど かふぇてりあ いっぽ》

OK（テラスのみ）

自家製の天然酵母で作るハード系パン

ドイツで食べたパンが忘れられず、独学でパン作りを研究した店主が作るのは、自家製の天然酵母を使い、焼き上げるこだわりのパン。小諸市にライ麦の畑をもち、自家栽培・自家製粉したライ麦を使っている。

☎0267-41-6511 住軽井沢町追分578 🕒10～17時ごろ 休水・木曜 交しなの鉄道信濃追分駅から車で5分 P5台 MAP P140A1

▶店頭に並ぶパンは、カフェテリアでイートインも可能

ベーカリーの絶品フレンチトースト

「ベーカリー & カフェテリア 一歩」では、イートインメニューも人気です。イチオシは、信州りんごのフレンチトースト1150円（ドリンク付き）。熱々の焼きリンゴに、ハチミツをたっぷりかけていただきましょう。

▲ヴィンテージ家具、食器、台所用品、園芸用品、衣類、小物から食品までアイテム豊富

pace around《ぺーす あらうんど》

心地よい時間が過ごせる雑貨店

もとは印刷工場だったという天井の高い空間にセンスのよい商品が所狭しと並ぶ。「歩きまわる」という意味の店名どおり、いろいろ想像しながら、おしゃれで楽しい日常シーンを旅している気分になれる。

☎0267-32-7007 住御代田町塩野400-158 🕒10～18時（1～3月は～17時）、カフェ10～17時LO（1～3月は～16時30分LO）休火・水曜 交しなの鉄道信濃追分駅から車で15分 Pあり MAP P134B2

ビンテージシュガーポット
小物入れとして使えるイギリスのビンテージ品。6600円

ひと足延ばして天空のカフェへ

TENKU TERRACE 軽井沢《てんくう てらす かるいざわ》

OK（テラスのみ）

浅間山を見渡す気持ちのよいテラス

軽井沢の中心地から車で南西方面に約30分、標高約1000mの別荘地に、2022年4月に誕生したカフェ＆バー。オーガニックや地元食材にこだわった料理を提供。

☎0267-46-9406 住軽井沢町茂沢472-15オーナーズヒル別荘地 天空ホテル&リゾート内 🕒9～17時（土・日曜、祝日は8時30分～16時LO）、ディナーは要予約 休月・火曜（祝日の場合は営業）交JR信濃追分駅から車で9分 P10台 MAP P134B3

▲天空プレート（日替わり）1650円。フレッシュ野菜・おかず3品・スープ・ライスのワンプレート

▶雄大な浅間山を望むテラス席

むかし町歩きで
ノスタルジックなひとときを

軽井沢から
車で約40分

城跡や宿場町には昔ながらの趣がたっぷり。
島崎藤村ら多くの文人に愛された、のどかな風景を巡りましょう。

小諸ってこんなところ

詩情あふれる高原の城下町

浅間山の南麓、ゆるやかに千曲川が流れる小諸。中山道から分岐した北国街道の宿場町として、城下町として、また明治以降は商都として栄えた。小諸駅周辺には小諸城址 懐古園をはじめ、史跡や歴史的な建造物が点在。本町・荒町・与良町など旧北国街道沿いでは古い商家建築も多くみられる。こうした町と自然の情景を愛した文人は多く、『千曲川のスケッチ』を記した島崎藤村はその筆頭。

問合せ ☎0267-22-0568(小諸市観光案内所)
アクセス 軽井沢駅からしなの鉄道で25分、小諸駅下車　MAP P134A2～B3

▲旧街道の風情を残す本町界隈

◀重要文化財の三の門ほか、園内各所に小諸城の遺構が残る

▲苔むした本丸の石垣

小諸城址《こもろじょうし》 懐古園《かいこえん》

苔むした石垣が古城の面影を残す

日本百名城の一つ、小諸城。その起こりは『源平盛衰記』や『平家物語』の時代まで遡るというが、武田信玄の命を受けた山本勘助が縄張りしたのが、現在の小諸城の原型。のちに戦国武将の仙石秀久が整備をすすめ、堅固な城に仕上げた。園内には記念館や美術館、動物園や児童遊園地もあり、桜や紅葉の美しいスポット。

☎0267-22-0296 住 小諸市丁311 ¥ 入園300円（施設共通券は500円）時 9～17時（動物園は～16時30分）休 無休（12月～3月中旬は水曜休園）交 しなの鉄道小諸駅から徒歩3分 P 213台（12時間500円）MAP P121A2

2023年3月オープン。飯綱山公園内のワイナリーへ

小諸駅から北へ車で10分のところに位置する「STARRACE KOMORO」では、小諸で栽培したブドウで造るワインを買ったり信州の食材を使った料理をワインと味わったりできます。☎0267-41-0042（ワイナリー）、0267-31-5622（キッチン）MAP P134A2

小諸義塾記念館《こもろぎじゅくきねんかん》

近代史に名を残す私塾

明治26年（1893）に開かれ、島崎藤村も教鞭を執ったことがある私塾を移転・復元。当時の資料などを展示している。

☎0267-24-0985／0267-22-1130（藤村記念館）住小諸市古城2-1-8 ¥入館200円（施設共通券は500円）⏰9～17時 休事前にHPまたは電話で要確認 交しなの鉄道小諸駅から徒歩3分 Pなし MAP P121A2

▲キリスト教の牧師であった木村熊二によって開かれた

ほんまち町屋館《ほんまちまちやかん》

街道歩きの拠点となる建物

古い建物を再生した商店やギャラリーが並ぶ本町エリアの中核。大正12年（1923）築の味噌醤油醸造元・清水屋の建物に案内人がおり、建物や歴史の説明をしてくれる。

☎0267-25-2770 住小諸市本町2-2-9 ¥無料 ⏰9時30分～16時30分（11～3月は10～16時）休月曜（祝日の場合は翌日）交しなの鉄道小諸駅から徒歩8分 Pなし MAP P121A1

▲樽などを展示。建物は国の登録有形文化財

名物・くるみそばをチェック

草笛《くさぶえ》 小諸本店《こもろほんてん》

🐾OK（テラスのみ）

小諸を代表する信州そば店。クルミをすりつぶしたペーストにツユを混ぜて食べる、コクのあるくるみそばが名物。地産地消を目指し、自社栽培農場で育てたそばを使用している。

☎0267-22-2105 住小諸市古城1-1-10 ⏰11～15時 休無休 交しなの鉄道小諸駅から徒歩3分 P10台 MAP P121A2

▶くるみそば1400円。麺の量は少なめで注文することも可能

町かどスナップ

安政年間創業の大和屋紙店の向かいに立つギャラリー「紙蔵歩」MAP P121A1

萬屋骨董店。小諸銀行だった建物は国の登録有形文化財 MAP P121A1

1 文学スポットめぐりもいい 2 藤村旧栖地の碑。近くには島崎家が使っていた井戸も残る MAP P121A1

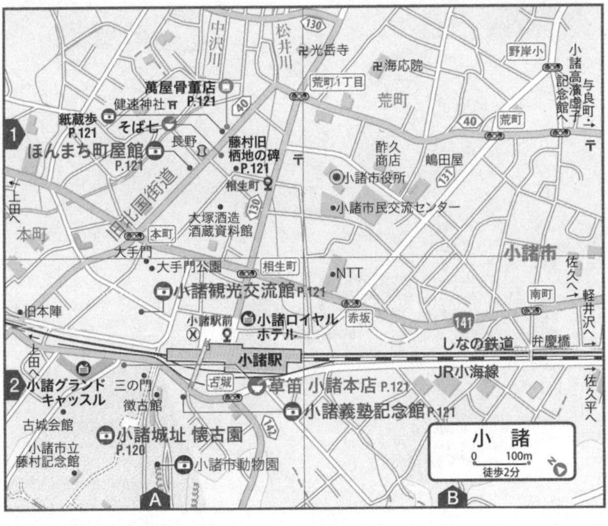

大正期の繭問屋の建物を使った「小諸観光交流館」では、パンフレットや地図を備えており観光案内もしてくれます。MAP P121A2

東御と小諸のワインを求めて ちょっと足を延ばしてみましょ

軽井沢から
車で約50分

ワイン用ブドウがよく育ち、「千曲川ワインバレー」として注目の東御・小諸エリア。日照時間が長く、たっぷりと太陽をあびたブドウで作るワインをおみやげに。

南向きの斜面にワイン畑が広がっている。
標高850mにあり、見晴らしがよい

▲糖度が高く、酸味の強いワイン用に栽培したブドウ

▲北アルプスや千曲川が見渡せるガーデン

東御

ヴィラデスト ガーデンファーム アンド ワイナリー《ゔぃらですと がーでんふぁーむ あんど わいなりー》

ワインと農園料理で乾杯

エッセイストで画家の玉村豊男氏が開いたワイナリー。約12万㎡の畑でシャルドネをメインに2万5000本のブドウを栽培。カフェレストランでは自家農園の野菜やハーブを使った料理をワインとともに楽しめる。ランチコースは予約がおすすめ。

☎0268-63-7373 住東御市和6027 ¥入場無料 時10～17時（水曜は～16時）休無休（カフェは水曜）、12月下旬～3月初旬は休園 交しなの鉄道田中駅から車で10分 P40台 MAP P134A2
●見学ツアー :土・日曜、祝日の13時～／所要時間約20分／定員各回10名／要予約／1人500円

▲ショップではワインのほか食器や雑貨も販売　◀ランチコース4500円の一例。前菜、主菜、デザートが付く

スタッフの案内で ワイナリーを見学

「マンズワイン 小諸ワイナリー」では、畑や日本庭園、通常非公開の地下セラーを見学し、ソラリスを試飲するワイナリーツアー（有料）を開催しています。開催日程などの詳細はHPで要確認。

1メルローという品種のブドウ。粒がしっかりしていて味が濃いのが特徴

1 2階テラス席で畑を眺めながら、ソラリスなど10種類以上のワインが試飲できる(有料)

東御

リュードヴァン《りゅーどゔぁん》

土地を生かした 表情豊かなワイン

荒廃した土地をワイナリーとして開業。過度な農薬や肥料を控え、自然の土壌を生かした栽培をしている。カフェでは自家栽培の野菜を使ったワインに合う料理を提供。

☎0268-71-5973 住東御市祢津405 ¥入場無料 ⏰カフェ11～14時（土・日曜、祝日は10～17時）、ショップ＆試飲10～17時 休カフェは月・火曜、ショップ＆試飲は無休 交しなの鉄道田中駅から車で10分 P10台 MAP P134A2
●見学ツアー：希望者のみ。事前に施設に要連絡

2 6haの敷地で、9種類のブドウを栽培している

＼ ココでひと休み ／

▲パテ・ド・カンパーニュ1430円。赤ワイン、ピノノワールとの相性がよい

小諸

マンズワイン 小諸ワイナリー《まんずわいん こもろわいなりー》

世界の国賓級VIPを もてなすワインを楽しむ

国内外のコンクールで数多くの受賞を重ねてきたプレミアム日本ワイン「ソラリス」シリーズを生産。樹齢40年を超えたシャルドネの畑や、32のブドウ品種が植えられた品種園、約3000坪の日本庭園を自由に散策できる。

☎0267-22-6341 住小諸市諸375 ¥試飲はグラス1杯300円～ ⏰休来園の際はHPを要確認 交しなの鉄道小諸駅から車で10分 P50台 MAP P134A2
●見学ツアー：開催状況はHPを要確認

2たわわに実ったメルロー

＼ ココもチェック ／

▲滝・池・枯山水・茶室・大刈込などからなる本格的な日本庭園「万酔園」

「ヴィラデスト ガーデンファーム アンド ワイナリー」のショップでは、玉村豊男の絵が描かれた食器なども、購入できます。

峠越えの線路跡を歩きたい アプトの道ウォーク

軽井沢から
車で約30分

100年もの歴史を刻んで廃線となった、アプト式鉄道の碓氷線。
線路沿いの建造物を巡りながら碓氷峠の道を探訪しましょう。

アプトの道って こんなところ

碓氷峠の線路跡を散策

レールの間にギザギザのラックレールを敷き、機関車の歯車とかみ合わせて急勾配を登るアプト式鉄道。中山道のうちでも屈指の難所だった碓氷峠で、100年以上にわたって歴史を刻んだ碓氷線(信越本線横川～軽井沢駅間)の線路跡が散策道になっている。起点から折り返しまで片道約6km。途中、めがね橋ほか5つの橋梁と10のトンネルなどの鉄道遺産を見学できる。

☎027-382-1111（安中市観光課）住安中市松井田町横川・坂本地内 ¥営休散策自由 交JR横川駅から起点まで徒歩3分 P周辺駐車場利用 MAP P135D2

横川へのアクセス

●バス　軽井沢駅からJRバス横川駅行きで34分、終点下車

●車　軽井沢駅から国道18号で約16km

▲明治25年（1892）完成の碓氷第三橋梁、通称めがね橋。旧国道18号から横道に入って見上げることもできる

コースタイム

START 碓氷峠鉄道文化むら GOAL

▼ 徒歩すぐ

1 アプトの道・起点

▼ 8分

2 碓氷関所跡

▼ 20分

3 旧丸山変電所

▼ 45分

4 碓氷湖

▼ 20分

5 5号トンネル

▼ 3分

6 碓氷第3橋梁（めがね橋）

▼ 20分

熊ノ平（折返し）

START!&GOAL!

碓氷峠鉄道文化むら《うすいとうげてつどうぶんかむら》

碓氷峠を運行したアプト式電気機関車をはじめ、各地で活躍した30種類以上の歴史的な車両を展示する鉄道テーマパーク。碓氷線のジオラマや写真展示ほか、ファミリー列車やミニSL、トロッコ列車や蒸気機関車と盛りだくさん。電気機関車の運転体験も(要予約)。

☎027-380-4163 住安中市松井田町横川407-16 ¥入園700円（乗り物代は別途）営9～17時（11～2月は～16時30分。入園は閉園30分前まで）休火曜（祝日の場合は翌日）交JR横川駅から徒歩3分 P210台 MAP P135D2

※トロッコ列車は3～11月の土・日曜、祝日のみ運行。

▲本格派の鉄道テーマパーク

▲長さ91m、橋脚の高さ31m。橋上を歩ける

碓氷第3橋梁《うすいだいさんきょうりょう》（めがね橋《めがねばし》）❻

レンガ造りの4連アーチ橋

現存する18橋梁のうちの第3橋梁で、現存するレンガ橋では日本最大。明治25年（1892）建造で、国の重要文化財に指定。

峠散策の拠点にコテージ宿泊を

とうげのゆ駅近くの「碓氷峠コテージくつろぎの郷」。洒落たログコテージで、リビングに薪ストーブ、シャワーやトイレ完備。1棟1泊平日1万6500円～。

☎027-380-4180 MAP P135D2

5号トンネル《ごごうとんねる》❺

全長244mのトンネル

東口はレンガ造り、西口は石造りで、レンガの壁面は当時のまま。碓氷峠には26のトンネルがあった。

▶トンネルを抜けるとめがね橋の橋上へ

▼めがね橋をモチーフにしたレトロな橋が架かる

碓氷湖《うすいこ》❹

国有林に囲まれた美しい湖

坂本ダム建設時に、碓氷川を堰き止めて造った人工湖。新緑や紅葉が美しい。湖畔の一部には散策道も。

▼明治45年（1912）建造、国の重文

旧丸山変電所《きゅうまるやまへんでんしょ》❸

重厚な造りの鉄道施設

横川～軽井沢間に日本初の電気機関車を導入する際に国鉄が全国で初めて変電所を建造。内部は非公開。

アプトの道・起点《あぷとのみち・きてん》❶

線路跡の遊歩道はココから

起点から、めがね橋まではほぼ一本道。ぶんかむら駅からとうげのゆ駅まではトロッコ列車が走っている。

▶旅人が手形を差し出した「おじぎ石」

碓氷関所跡《うすいせきしょあと》❷

中山道の碓氷関所跡を復元

明治2年（1869）に廃止された関所。上州と信州の境に立ち、西門は徳川幕府、東門は安中藩が管轄した。

▶当時の門を使って門柱や門扉を復元

アプトの道と交差する国道18号（旧中山道）沿いにある坂本宿。約700mの道に当時の建物がいくつか残っています。

軽井沢へのアクセス

軽井沢は、新幹線も高速道路も通っていてアクセスの便利なところです。
電車、高速バス、車を旅行日や時間によって混雑を避けて手段を選びましょう。

早くて便利な北陸新幹線「はくたか」「あさま」

電車で行くなら新幹線利用が早くて、乗り換えもなく便利です。首都圏からは、東京駅や上野駅から、北陸新幹線を利用。名古屋方面からは東京駅で新幹線を乗り継ぐルートが早くておすすめです。

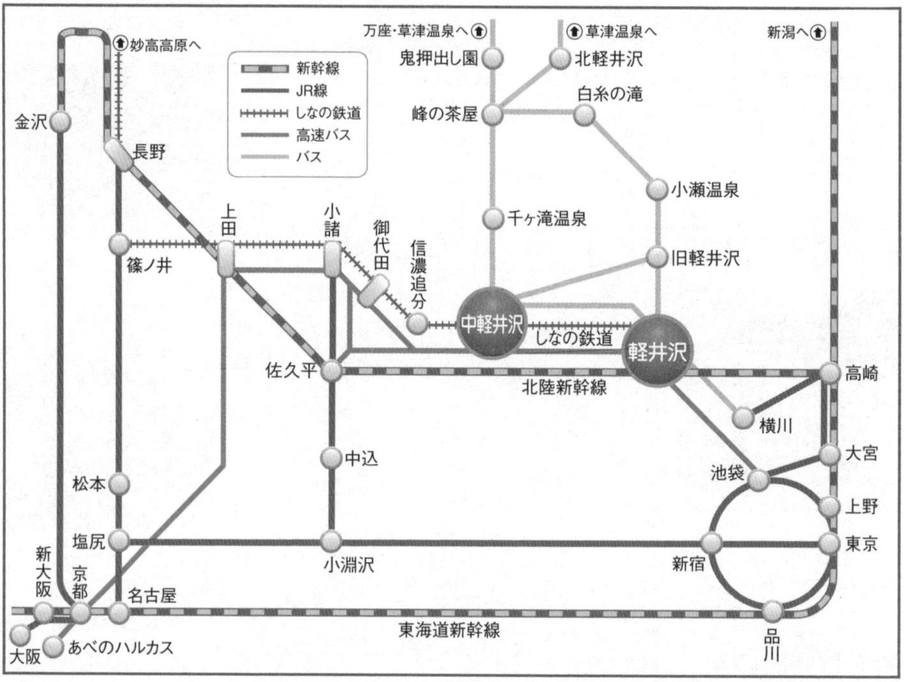

プランニングのヒント

東京から

東京駅または上野駅から北陸新幹線に乗るのが一般的だが、出発駅によっては湘南新宿ラインや埼京線で大宮駅まで行き、新幹線に乗車するルートも。大宮での乗り換えは比較的スムーズ。新幹線の特急料金が東京駅乗車よりも安くなる。

名古屋から

東海道新幹線で東京駅まで行き北陸新幹線に乗り継ぐのが基本。車窓から信州の山並みを楽しみながらというなら、中央本線のJR特急「しなの」で長野駅まで行き、北陸新幹線に乗り換える。姨捨駅付近から見る善光寺平は日本三大車窓の一つ。

大阪から

JR特急「サンダーバード」を利用し、金沢駅で北陸新幹線に乗り継ぐと割安で行ける(約5時間10分・1万6750円)。東海道新幹線を利用し東京駅で乗り換えるのはねだんは高くなるが、時間的には早い(約3時間55分・1万9530円)。

いろいろなアクセス方法

時間にゆとりがあるなら、新幹線以外にもJR特急や快速電車を利用したプランも可能。
高速バスで東京・大阪方面からなら鉄道に比べて格安で行ける。時間と予算に合わせてアクセス方法を選ぼう。

東京駅	都内から一番早い 北陸新幹線はくたか・あさま ※1時間に1～3本の運転	軽井沢駅	約1時間10分 6020円
新宿駅	JR湘南新宿ライン特別快速 ※東京駅・上野駅からの快速や普通電車利用も → 高崎駅 → JR信越本線普通 → 横川駅 → JRバス関東(520円) ※1日7～8便と便数が少ないので、あらかじめ時刻を調べて	軽井沢駅前	約3時間25分 2830円
池袋駅東口	都内から一番安い 西武観光バス　1日7便　予約制 うち2便は中軽井沢経由御代田駅前行き	軽井沢駅前	2時間52分 2300～2900円
名古屋駅	東海道新幹線のぞみ → 東京駅 → 北陸新幹線はくたか・あさま ※「はくたか」・「あさま」は1時間に1～3本の運転	軽井沢駅	約3時間 1万6660円
名古屋駅	JR特急しなの → 長野駅 → 北陸新幹線 はくたか・あさま	軽井沢駅	約3時間55分 9590円
大阪駅	JR特急サンダーバード → 金沢駅 → 北陸新幹線かがやき・はくたか・あさま ※列車によっては長野駅で乗り換え	軽井沢駅	約5時間10分 1万6750円
新大阪駅	東海道新幹線のぞみ → 東京駅 → 北陸新幹線はくたか・あさま ※「はくたか」・「あさま」は1時間に1～3本の運転	軽井沢駅	約3時間55分 1万9530円
大阪	近鉄バス「千曲川ライナー」 夜行1日1便　予約制	軽井沢駅前	11時間26分 9900円

※データは 2023 年 5 月現在のものです。
※ JR のねだんは、運賃と特急料金（通常期の普通車指定席利用）を合計したものです。
また所要時間は目安で、利用する列車によって異なります。

おトクなきっぷ

●えきねっとお先にトクだ値

JR東日本のインターネットサービス「えきねっと」に会員登録(無料)をし、交通系ICカードも登録(無料・新幹線利用の場合は「新幹線eチケット」利用のため登録必須)して、このサイトから予約しきっぷを買うと、列車、席数、区間限定だが新幹線の運賃・料金が割引になる。乗車日の1カ月前の午前10時から13日前の午前1時50分までに購入すると「お先にトクだ値」で25～35%割引に、乗車当日の午前1時50分まででも「えきねっとトクだ値」で5～20%割引となる。ちなみに東京駅～軽井沢駅間は「お先にトクだ値(30%引き)」で4060円、「えきねっとトクだ値(10%引き)」で5230円。

☎問合せ先

鉄道

●JR東日本（お問い合わせセンター）
☎050-2016-1600
●JR東海（テレフォンセンター）
☎050-3772-3910
●JR西日本（お客さまセンター）
☎0570-00-2486

高速バス

●西武観光バス
☎0570-025-258
●近鉄バス
☎0570-001631

軽井沢エリアでのアクセス

軽井沢エリア内での移動はクルマ以外では主に路線バスとレンタサイクル。路線バスの利用の場合は事前に便数、時刻表を調べておきましょう。

路線バスを乗りこなそう

軽井沢エリアには、西武観光バス、草軽交通バス、千曲バス、ＪＲバス関東の４社のバスが運行している。観光には、西武観光バスが運行する東・南廻り線、千曲バスが運行する町内循環バス西コースも便利。

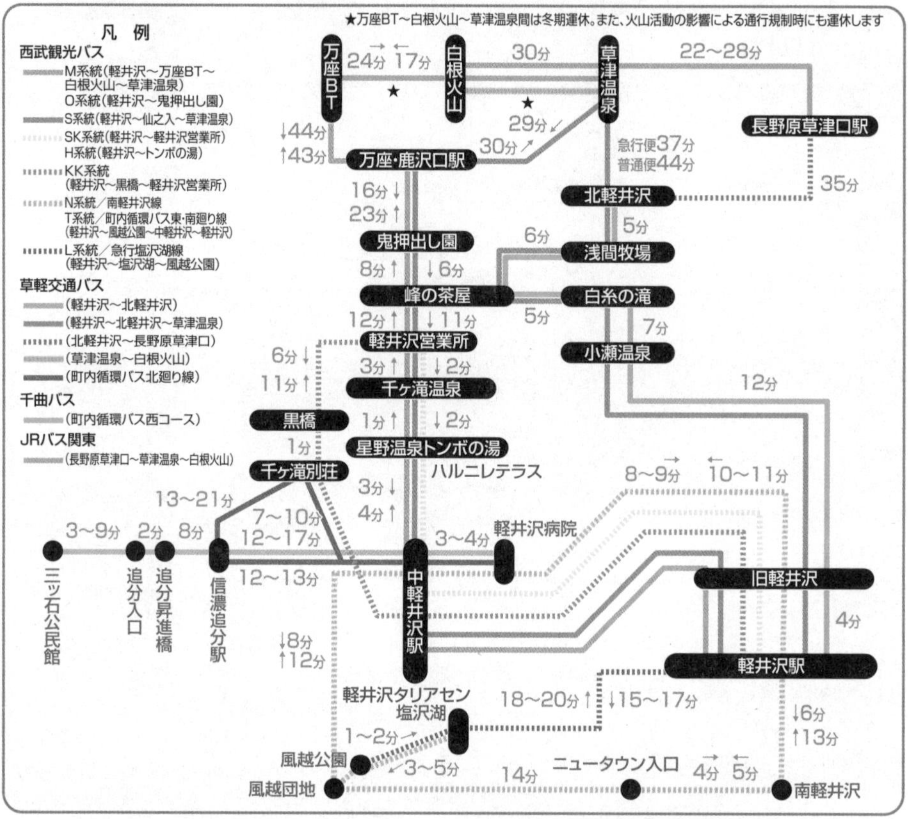

プランニングのヒント

路線バスはシーズンによって渋滞にはまってしまうこともある。その場合、軽井沢駅周辺の移動ならレンタサイクルの方がスムーズで気軽に利用できる。レンタサイクルショップは軽井沢駅北口周辺に多く、本通り沿いや旧軽井沢銀座周辺にも点在している。料金は1時間500円～が目安で、1日借りると割安になる。

問合せ先　レンタサイクル

軽井沢駅前	●サイクルメイトQ 駅前店	☎0267-42-8985
	●サイクルメイトQ 新軽店	☎0267-42-3315
	●レンタサイクル市村輪店	☎0267-42-2484
	●地産サイクル	☎0267-42-5614
旧軽井沢	●サイクルメイトQ 旧軽本店	☎0267-42-2365

※サイクリングの際は、乗車用ヘルメットを着用しましょう。
ヘルメットの貸し出しの有無は事前に各店舗へご確認ください

バスで主要観光スポット

軽井沢駅や中軽井沢駅から主要観光スポットへ、路線バスが出ている。シーズンにより、観光名所へはシャトルバスや増便もある。ただし、交通渋滞の影響もあるので、余裕をもった計画を立てよう。

旧軽井沢銀座通りへ

軽井沢駅北口 → バス 4分(シャトルバス7分) → 旧軽井沢

※バス会社や路線でねだんや所要時間が異なるので注意! 草軽交通の路線バスは160円、同社のシャトルバスと西武観光バスは150円、町営循環バス東・南廻り線(西武観光バスが運行) は100円だ。

旧軽井沢シャトルバス(2023年の情報)

軽井沢駅北口と旧軽井沢を結ぶ、草軽交通が運行するシャトルバス。2023年4月に運行を再開したが、運転手不足のため期間限定で1日2便の運行。なお、南口発着のルートは、2023年5月現在運休中。

●ルート……………… 軽井沢駅北口に発着(2023年度は、軽井沢駅南口発着東急ハーヴェストクラブ旧軽井沢経由は運休)

●所要時間・運賃… 軽井沢駅北口から7分、南口から10分。150円

●運行期間………… 4月22日～5月7日・7月22日～8月31日の毎日

●便数……………… 1日2便

ハルニレテラス・星野温泉 トンボの湯へ

軽井沢駅北口 → 西武観光バス 19分 → 星野温泉トンボの湯

中軽井沢駅 → 西武観光バス 4分 → 星野温泉トンボの湯

軽井沢タリアセン・塩沢湖へ

軽井沢駅北口 → 急行塩沢湖線 ※ 15～17分 → 塩沢湖

中軽井沢駅 → 町内循環バス東・南廻り(内回り) 15分 → 塩沢湖

※急行塩沢湖線が運休日の場合は、町内循環バス東・南廻り線(外回り)を利用

急行塩沢湖線

西武観光バスが運行する、軽井沢駅と風越公園を結ぶ急行便。通年の運行だが、運休日もあるので注意しよう。プリンス通りの大渋滞で大幅に遅延しやすい町内循環バスと異なり、別ルートで直行するので早くて便利。

●ルート……………… 軽井沢駅北口④乗り場 ➡ 軽井沢千住博美術館(7月中旬～9月下旬のみ停車) ➡ 塩沢 ➡ 東急ハーヴェストクラブ軽井沢&VIALA ➡ 塩沢湖 ➡ 軽井沢絵本の森美術館・エルツおもちゃ博物館 ➡ 風越公園

●所要時間・運賃… 塩沢湖まで15～17分、420円、風越公園まで20～22分、450円

●運行期間………… 通年(東急ハーヴェストクラブ軽井沢&VIALA 休館日は運休)

●便数……………… 1日6～7便

白糸の滝へ

軽井沢駅北口 → 草軽交通バス 23分 → 白糸の滝

☎問合せ先

バス ●西武観光バス(軽井沢営業所)☎0267-45-5045 ●草軽交通バス(軽井沢営業所)☎0267-42-2441 ●千曲バス(小諸営業所)☎0267-22-2100 ●JRバス関東(長野原支店)☎0279-82-2028

ドライブで行く軽井沢

高速道路を利用して、気軽にアクセスできますが、
さわやかな高原を快適にドライブするには、安全運転が第一です。

関越〜上信越自動車道でアプローチ

軽井沢エリアへの最寄りインターは、碓氷軽井沢IC。西の方からのアクセスなら佐久ICも便利。これらのインターの間に佐久平PAがあり、ETC車専用の佐久平スマートICも利用できる。小諸ICで降りて軽井沢方面に向かう浅間サンラインは快適ドライブルート。

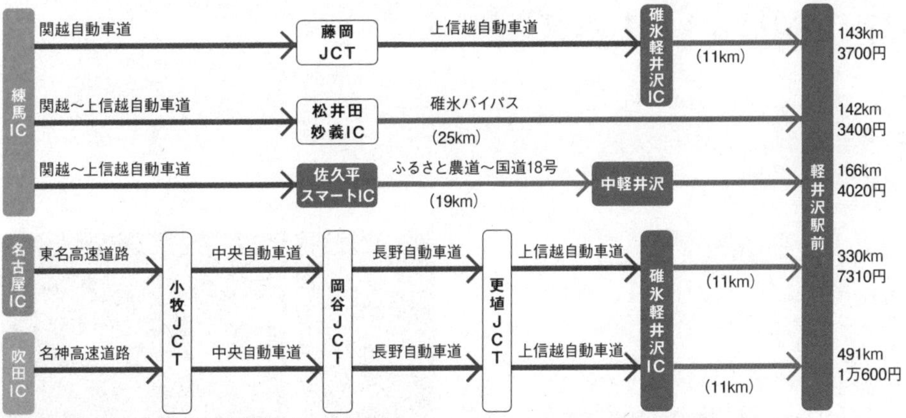

※ETC利用の料金です。現金払いでは異なることがあります。

プランニングのヒント

渋滞に気をつけよう！

GWや夏休み期間などの軽井沢では、あちこちで渋滞が発生。碓氷軽井沢ICから軽井沢駅周辺まで渋滞が続くこともあるので気をつけよう。また軽井沢駅〜旧軽井沢間や、その周辺、国道18号が軽井沢から信濃追分方面まで渋滞なんていうこともある。なるべく混雑しない時間帯や、利用するインターを選んだり、しなの鉄道の駅に車を停めて、電車で移動するパーク＆ライドの方法をとるなども検討しておきたい。

おトクなきっぷ

●レール＆レンタカーきっぷ

JRと駅レンタカーを組み合わせた割引きっぷ。JR線を201㎞以上利用（乗車駅からレンタカーを借りる営業所のある駅まで101㎞以上必要）し、JR券と一緒に駅レンタカー券を購入すると、同乗者全員のJR運賃が２割引、特急料金（新幹線のぞみ、グランクラスなどを除く）が１割引になる。4/27〜5/6、8/10〜19、12/28〜1/6にはJR券の割引はない。駅レンタカーの予約はあらかじめインターネットでしておくこと。JR駅では予約できないので注意。

☎問合せ先

レンタカー
●駅レンタカー軽井沢 ☎0267-42-6454 ●トヨタレンタカー軽井沢駅前店 ☎0267-42-6100
●日産レンタカー軽井沢駅前店 ☎0267-41-1223

交通情報
●日本道路交通情報センター
東北・常磐・関越道情報 ☎050-3369-6762 中央道・長野道情報 ☎050-3369-6764
長野情報 ☎050-3369-6620

軽井沢パーキング情報

駐車場が充実しているのは軽井沢駅北口側。旧軽井沢エリアには私営駐車場も多いが、ハイシーズンは混み合ううえ、料金も割高になります。矢ヶ崎公園や新軽井沢の駐車場は時期によっては早い時間に満車になることも。

町営駐車場リスト

名称	台数（乗用車）	料金	MAP
町営軽井沢駅北口西側駐車場	220台	1時間未満無料、4時間未満400円	P137C3
町営新軽井沢駐車場	226台	1時間未満無料、4時間未満300円	P137D3
町営矢ヶ崎公園駐車場	70台	2時間未満無料、4時間未満200円	P137D3
町営旧軽井沢駐車場	412台	1時間未満400円	P136A2
町営中軽井沢駅前駐車場	73台	1時間未満無料、4時間未満200円	P141D3

軽井沢の知っておきたいエトセトラ

軽井沢には、歴史が息づく教会や小径がたくさんあります。
季節のイベントもチェックして旬の旅を楽しみましょう。

教会

明治時代に外国人宣教師の避暑地として始まり、華やかな別荘地として発展した軽井沢の教会を訪れよう。

軽《かる》井《い》沢《ざわ》聖《せい》パウロカトリック教会《きょうかい》

昭和10年（1935）、英国人司祭ワード神父により設立。A.レーモンドが設計し、日光東照宮の宮大工が建築。正面は西欧風、鐘楼は東欧風で、内部はX字型の太い梁が交差する迫力ある造り。

☎0267-42-2429
MAP P136A1

軽井沢《かるいざわ》ユニオン・チャーチ

明治39年（1906）、ダニエル・ノルマン宣教師が設立したキリスト教各派合同教会。礼拝や集会だけでなく、避暑客のための音楽会なども催され、「オーディトリアム」（大型会堂）ともよばれていた。

☎なし
MAP P136A2

日本基督教団《にほんきりすときょうだん》 軽井沢教会《かるいざわきょうかい》

明治38年（1905）設立。日本人キリスト教徒のためにダニエル・ノルマンらが創立した軽井沢初の日本人合同教会。建物は昭和4年（1929）にW.M.ヴォーリズが設計した。

☎0267-42-1008
MAP P136A2

▲宣教師A.C.ショー司祭の銅像（左）。木造平屋建ての素朴な礼拝堂（右）

日本聖公会《にっぽんせいこうかい》 軽井沢《かるいざわ》ショー記念礼拝堂《きねんれいはいどう》

明治28年（1895）建立。宣教師アレキサンダー・クロフト・ショー司祭が創設した軽井沢最初の教会。明治19年（1886）にショーが軽井沢を訪れ、避暑地として紹介したことから、宣教師たちが集まるようになった。

☎0267-42-4740
MAP P136B1

軽井沢高原教会《かるいざわこうげんきょうかい》

大正10年（1921）、内村鑑三、北原白秋、島崎藤村など、多くの文化人が集った「芸術自由教育講習会」を原点に誕生。「開かれた教会の精神」は、今も受け継がれ、多くの人々が訪れる。

☎0267-45-3333 MAP P141D2

軽井沢歴史の道

新・旧軽井沢にある38の「歴史の道」のなかから、軽井沢ゆかりの著名人の名前でよばれる道をご紹介。

ショー通《どお》り

旧軽井沢の大塚山へ向かう道。山の上にA.C.ショーの別荘があった。

犀星《さいせい》の径《みち》

室生犀星の別荘がある通り。かつて正宗白鳥や川端康成なども訪れた。

鳩山通《はとやまどお》り

大正期から、政治家・学者として知られる鳩山家の別荘が通り沿いにある。

近衛《このえ》レーン

戦前の元首相・近衛文麿の山荘が立っていた、からまつ並木の通り。

ノーマンレーン

「軽井沢の村長さん」として慕われていたダニエル・ノルマンの別荘があった。

ヴォーリズレーン

近江兄弟社を設立し、建築家としても活躍したW.M.ヴォーリズの山荘があった。軽井沢で多くの別荘を手がけた。

堀辰雄《ほりたつお》の道《みち》（フーガの径《みち》）

1412番地に堀辰雄の山荘があった。『美しい村』に描かれた、フーガのメロディが聴こえてくるチェコ公使館は目の前。

新渡戸通《にとべどお》り

国連事務次官として活躍し、軽井沢夏期大学創設者の一人である新渡戸稲造の洋風別荘があった三度山へ続く道。

細川《ほそかわ》レーン

政治家・細川護立侯爵の3階建ての大型別荘があった。建物は滅失しているが、敷地内にはカツラとモミの並木が立つ。

祭り・イベント

軽井沢には季節のイベントが目白押し。春夏秋は自然を満喫して、冬は幻想的なイルミネーションを見に行こう。

4月下旬〜6月上旬

軽井沢若葉まつり

春を愛でる祭りを町内一帯で開催。新緑の旧軽井沢ウォーキングやロードレースなど、さまざまなイベントを企画。

☎0267-45-8579（軽井沢町観光経済課）

8月1日

軽井沢ショー祭

軽井沢ショー記念礼拝堂で行われる町民祭。「軽井沢の父」と親しまれる宣教師A.C.ショー司祭を称え、精神の継承を願う。

☎0267-45-6050（軽井沢観光協会）

8月1〜31日

軽井沢高原教会 サマーキャンドルナイト

教会の森がランタンキャンドルの灯りで包まれ幻想的な夜に。予約制で開催（HPで受付）。

☎0267-45-3333（軽井沢高原教会）

9月下旬〜11月上旬

軽井沢紅葉まつり

ウォーキングイベントやマルシェ、テニス大会など、町内随所で紅葉を楽しむイベントが行われる。

☎0267-45-8579（軽井沢町観光経済課）

11月下旬〜2月下旬

軽井沢ウィンターフェスティバル

©軽井沢・冬ものがたり

軽井沢駅前本通りほか町内各所が鮮やかにライトアップ。マルシェや花火、スポーツイベントなども実施する。

☎0267-41-3850（軽井沢観光協会内実行委員会）

四季・服装

避暑地といわれるだけあって、軽井沢のメインシーズンはやはり夏。でも春秋冬にも魅力がいっぱい！

春

冬期休業していた店が3月中旬ごろから営業再開。GWの混雑は夏に匹敵するほど。新緑のピークは5月上旬〜6月上旬。

服装

春とはいっても3〜4月はまだまだ冷える。薄手のジャケットやコートなどを用意して。

夏

夏休み前までは比較的空いているが、8月の週末やお盆休みは観光シーズンのピーク。9月に入ると平日は落ち着く。

服装

8月の平均気温は20〜22℃。朝晩は冷えるので一枚羽織るものが必要。

秋

夏の混雑を避けるなら、この時期がおすすめ。紅葉シーズンを迎え、雲場池をはじめ、各所で美しい景色が楽しめる。

服装

9月の平均気温は16℃で、東京よりだいぶ涼しい。上着を忘れずに。

冬

スキー場がオープンし、冬の味覚ジビエを提供するレストランも。ただし、冬期休業に入る店も多いので事前に確認を。

服装

積雪は多くないが、冷え込みがかなり厳しいので万全の防寒着で。

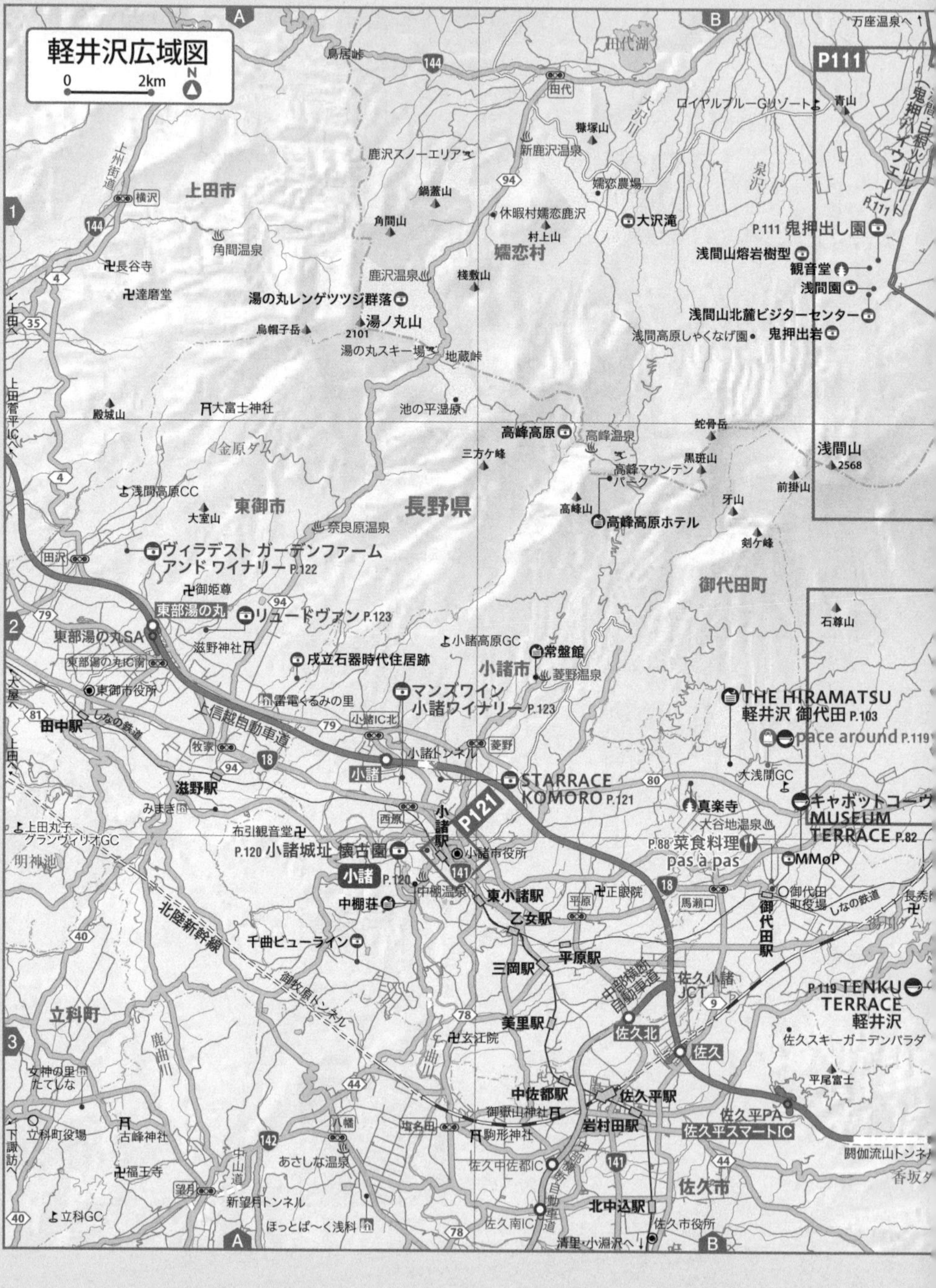

軽井沢広域図
0
2km
N
A
B
万座温泉へ
田代湖
鳥居峠
144
田代
P111
ロイヤルブルーGリゾート
青山
鬼押ハイウェー
白根火山ルート
大沢川
糠塚山
鹿沢スノーエリア
新鹿沢温泉
泉沢
嬬恋農場
上州街道
横沢
上田市
94
鍋蓋山
休暇村嬬恋鹿沢
大沢滝
P.111 鬼押出し園
1
144
角間温泉
角間山
村上山
嬬恋村
浅間山熔岩樹型
観音堂
長谷寺
鹿沢温泉
桟敷山
浅間園
4
達磨堂
湯の丸レンゲツツジ群落
浅間山北麓ビジターセンター
上田へ
35
烏帽子岳
湯ノ丸山
2101
浅間高原しゃくなげ園
鬼押出岩
湯の丸スキー場
地蔵峠
上田菅平ICへ
殿城山
大富士神社
池の平湿原
蛇骨岳
高峰高原
高峰温泉
浅間山
2568
金原ダム
三方ケ峰
黒斑山
4
高峰マウンテンパーク
前掛山
浅間高原CC
大室山
東御市
長野県
高峰山
牙山
高峰高原ホテル
奈良原温泉
剣ケ峰
田沢
ヴィラデストガーデンファームアンドワイナリー P.122
御代田町
御姫尊
94
石尊山
東部湯の丸
79
リュードヴァン P.123
2
東部湯の丸SA
小諸高原GC
滋野神社
常盤館
東部湯の丸IC南
成立石器時代住居跡
小諸市
菱野温泉
大屋へ
東御市役所
マンズワイン小諸ワイナリー P.123
THE HIRAMATSU 軽井沢 御代田 P.103
雷電くるみの里
上信越自動車道
81
田中駅
しなの鉄道
79
小諸IC北
pace around P.119
上田へ
牧家
小諸トンネル
菱野
18
94
小諸
STARRACE KOMORO P.121
大浅間GC
80
滋野駅
みまき
P121
真楽寺
キャボットコーヴ MUSEUM TERRACE P.82
上田丸子グランヴィリオGC
布引観音堂
西原
小諸駅
大谷地温泉
P.88 菜食料理 pas à pas
明神池
P.120 小諸城址 懐古園
小諸市役所
MMoP
小諸 P.120
141
中棚温泉
18
御代田町役場
長秀院
北陸新幹線
東小諸駅
正眼院
中棚荘
平原
馬瀬口
しなの鉄道
御代田駅
湯川ダム
乙女駅
40
千曲ビューライン
平原駅
三岡駅
御牧原トンネル
中部横断自動車道
佐久小諸JCT
P.119 TENKU TERRACE 軽井沢
9
立科町
78
佐久北
3
美里駅
佐久
佐久スキーガーデンパラダ
玄江院
鹿曲川
女神の里たてしな
千曲川
平尾富士
44
中佐都駅
佐久平駅
下諏訪へ
八幡
御嶽山神社
佐久平PA
立科町役場
古峰神社
塩名田
駒形神社
岩村田駅
佐久平スマートIC
142
閼伽流山トンネル
中山道
あさしな温泉
中部横断自動車道
141
香坂ダム
福王寺
佐久中佐都IC
44
望月
佐久市
新望月トンネル
北中込駅
40
立科GC
ほっとぱ〜く浅科
佐久南IC
佐久市役所
78
清里・小淵沢へ

草津温泉へ
薬師温泉
草津温泉へ
浅間神社
東吾妻町
北軽井沢
P.112
長野原町
ルオムの森 P.112
桜岩地蔵尊
笹塒山
白川GC
照月湖
倉渕温泉
北軽井沢
浅間大滝 P.113
鷹繋山
浅間隠山
1757
竹内GC
浅間牧場
浅間牧場 P.113
軽井沢高原GC
烏川渓谷公園
権田
烏川
駒髪山
二度上峠
高崎市
大峯
天丸山
浅間山
熔岩樹型
太平洋C軽井沢リゾート
くらぶち小栗の里
高崎へ
軽井沢スノーパーク
軽井沢スカイパーク
白糸の滝
P.110・111
剣の峰
1655
鼻曲山
霧積温泉
浅間山
草軽交通 白糸の滝売店 P.110
安中・榛名・高崎へ
峰の茶屋
白糸ハイランドウェイ
P.110
群馬県
北陸新幹線
地蔵峠
千ヶ滝
留夫山
小瀬温泉
霧積山
信濃路自然歩道 P.111
安中市
雄滝
雌滝
P140-141
千ヶ滝温泉
旧三笠ホテル P.21※2025年3月(予定)まで休館中
室生犀星文学碑
セゾン現代美術館
塩壺温泉
熊野皇大神社
霧積ダム
愛宕山
見晴台(旧碓氷峠遊覧歩道) P.34
高戸谷山
長源寺
星野温泉
碓氷峠コテージくつろぎの郷 P.125
P136-137
軽井沢町
旧軽井沢銀座通り P.26
剣石山
ヴィレッジ東軽井沢GC
上細野原縄文遺跡
離山
雲場池
中山道
信濃追分駅
碓氷湖
東軽井沢GC
中軽井沢駅
軽井沢町役場
P138-139
軽井沢駅
P.124 アプトの道
横川SA
ゆうすげ温泉
碓氷峠
中尾山
碓氷峠鉄道文化むら
P.124
横川IC
諏訪神社
軽井沢・プリンスショッピングプラザ
上信越自動車道
矢ケ崎山
浅間山トンネル
横川駅
信越本線
軽井沢バイパス
入山トンネル
五料茶屋本陣
新堀
高崎へ
碓氷バイパス
稲村山
西大星
御岳
千蔵院
碓氷川
軽井沢タリアセン
入山峠
妙義湖
西松井田駅
烏帽子岩
松井田妙義
松井田駅
高岩
磯部へ
妙義山
妙義神社
レークニュータウン
相馬岳
1104
和美峠
高岩山トンネル
北山
森泉山
押立山
愛宕山
碓氷軽井沢
大山
小烏帽子
星穴岳
みょうぎ
日暮山
日暮山トンネル
大山トンネル
陽雲寺
富岡市
八風山
金鶏山
妙義CC
藤岡JCTへ
千駄木山
上信越自動車道
ルグラン軽井沢ホテル&リゾート P.101
菅原神社
八風山トンネル
下仁田町
杉ノ木峠
御場山
寄石山
御堂山
神津牧場
明巌山
物見山
南牧村へ
南牧村へ

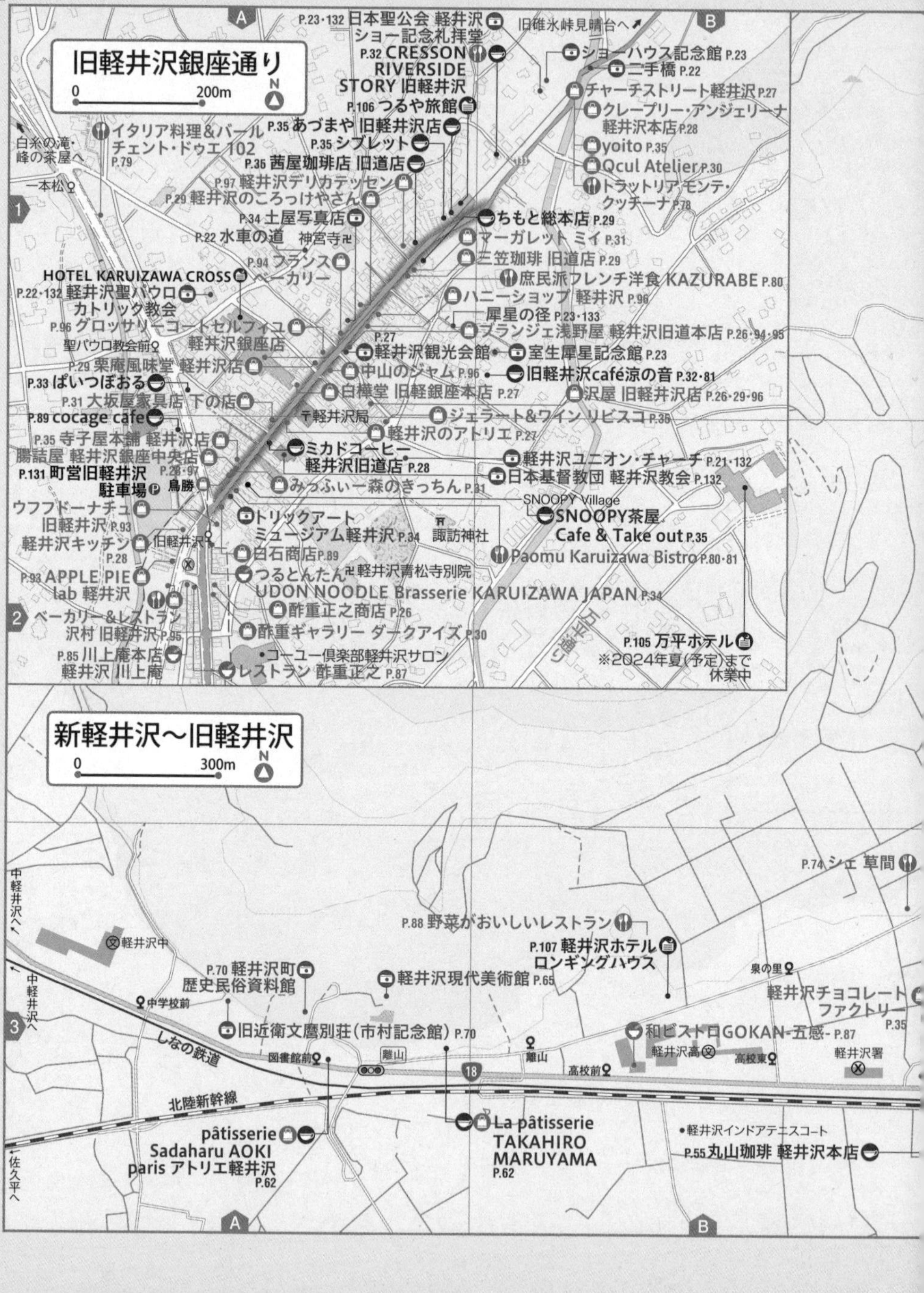
旧軽井沢銀座通り
0 200m
N
A
B
1
2
P.23・132 日本聖公会 軽井沢ショー記念礼拝堂
旧碓氷峠見晴台へ
P.32 CRESSON RIVERSIDE STORY 旧軽井沢
ショーハウス記念館 P.23
二手橋 P.22
チャーチストリート軽井沢 P.27
P.106 つるや旅館
クレープリー・アンジェリーナ 軽井沢本店 P.28
P.35 あづまや 旧軽井沢店
yoito P.35
P.35 シブレット
Qcul Atelier P.30
P.36 茜屋珈琲店 旧道店
トラットリア モンテ・クッチーナ P.78
白糸の滝・峰の茶屋へ
イタリア料理&バール チェント・ドゥエ 102 P.79
P.97 軽井沢デリカテッセン
一本松
P.29 軽井沢のころっけやさん
ちもと総本店 P.29
P.34 土屋写真店
マーガレット ミイ P.31
P.22 水車の道
神宮寺
三笠珈琲 旧道店 P.29
P.94 フランスベーカリー
庶民派フレンチ洋食 KAZURABE P.80
HOTEL KARUIZAWA CROSS
P.22・132 軽井沢聖パウロカトリック教会
ハニーショップ 軽井沢 P.96
犀星の径 P.23・133
P.96 グロッサリーコートセルフィユ 軽井沢銀座店
ブランジェ浅野屋 軽井沢旧道本店 P.26・94・95
聖パウロ教会前
P.27
軽井沢観光会館
室生犀星記念館 P.23
P.29 栗庵風味堂 軽井沢店
中山のジャム P.96
旧軽井沢café涼の音 P.32・81
P.33 ぱいつぼおる
白樺堂 旧軽銀座本店 P.27
沢屋 旧軽井沢店 P.26・29・96
P.31 大坂屋家具店 下の店
軽井沢局
P.89 cocage cafe
ジェラート&ワイン リビスコ P.36
軽井沢のアトリエ P.27
P.35 寺子屋本舗 軽井沢店
ミカドコーヒー 軽井沢旧道店 P.28
腸詰屋 軽井沢銀座中央店
軽井沢ユニオン・チャーチ P.21・132
P.28・97
P.131 町営旧軽井沢駐車場
日本基督教団 軽井沢教会 P.132
鳥勝
みっふぃー森のきっちん P.31
SNOOPY Village
SNOOPY茶屋 Cafe & Take out P.35
ウフフドーナチュ 旧軽井沢 P.93
トリックアート ミュージアム軽井沢 P.34
諏訪神社
軽井沢キッチン P.28
旧軽井沢
白石商店 P.89
Paomu Karuizawa Bistro P.80・81
P.93 APPLE PIE lab 軽井沢
つるとんたん UDON NOODLE Brasserie KARUIZAWA JAPAN P.34
軽井沢青松寺別院
ベーカリー&レストラン 沢村 旧軽井沢 P.95
酢重正之商店 P.26
万平通り
酢重ギャラリー ダークアイズ P.30
P.105 万平ホテル
※2024年夏(予定)まで休業中
P.85 川上庵本店 軽井沢 川上庵
コーユー倶楽部軽井沢サロン
レストラン 酢重正之 P.87
新軽井沢〜旧軽井沢
0 300m
N
P.74 シェ 草間
中軽井沢へ
P.88 野菜がおいしいレストラン
P.107 軽井沢ホテル ロンギングハウス
軽井沢中
P.70 軽井沢町歴史民俗資料館
軽井沢現代美術館 P.65
泉の里
軽井沢チョコレートファクトリー P.35
中学校前
3
旧近衛文麿別荘(市村記念館) P.70
和ビストロGOKAN-五感- P.87
しなの鉄道
図書館前
離山
軽井沢高
高校東
軽井沢署
高校前
18
北陸新幹線
La pâtisserie TAKAHIRO MARUYAMA P.62
pâtisserie Sadaharu AOKI paris アトリエ軽井沢 P.62
軽井沢インドアテニスコート
P.55 丸山珈琲 軽井沢本店
佐久平へ

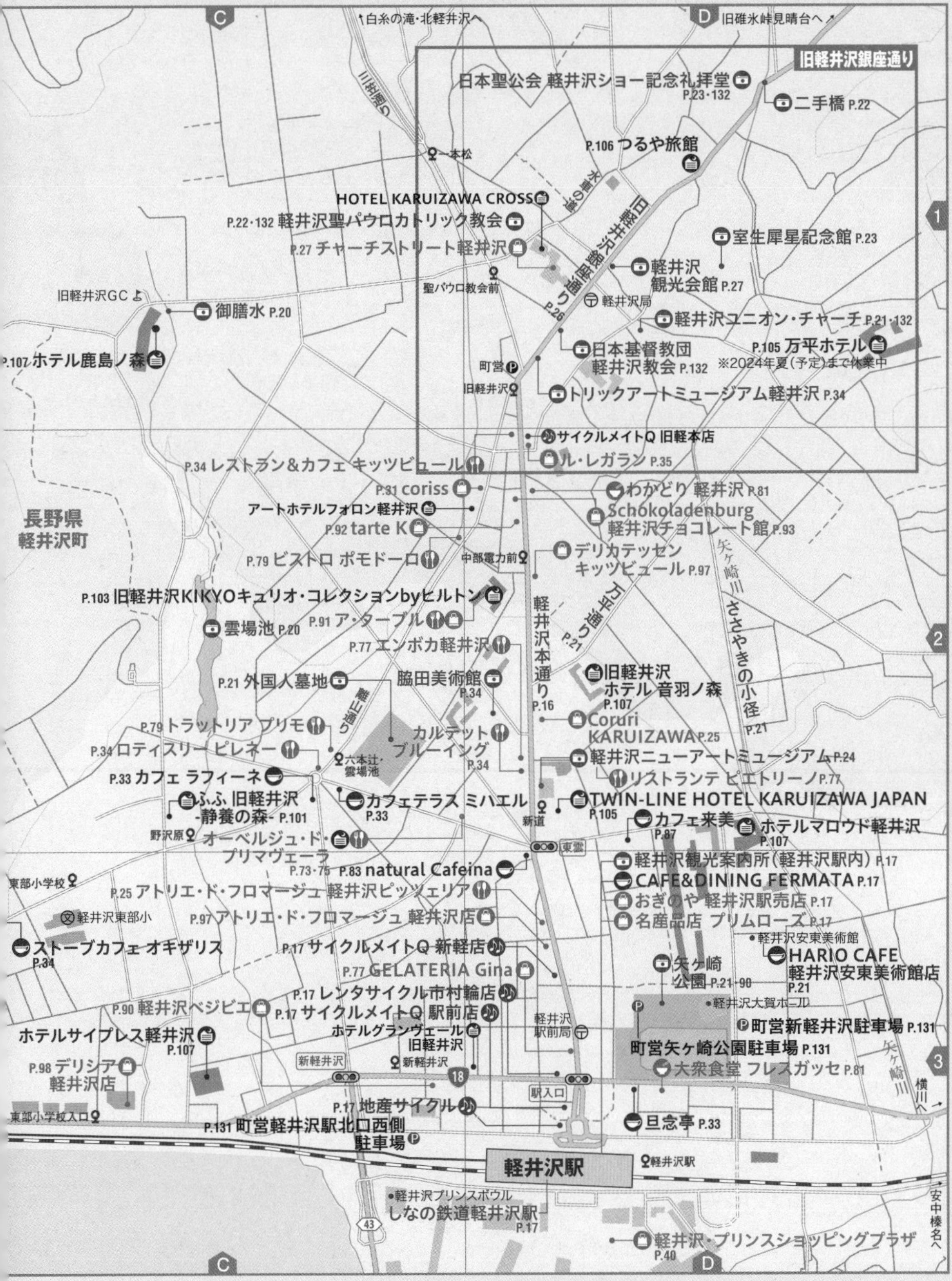
白糸の滝・北軽井沢へ
旧碓氷峠見晴台へ
旧軽井沢銀座通り
日本聖公会 軽井沢ショー記念礼拝堂 P.23・132
二手橋 P.22
三笠通り
P.106 つるや旅館
一本松
水車の道
HOTEL KARUIZAWA CROSS
P.22・132 軽井沢聖パウロカトリック教会
P.27 チャーチストリート軽井沢
旧軽井沢銀座通り P.26
室生犀星記念館 P.23
軽井沢観光会館 P.27
聖パウロ教会前
軽井沢局
旧軽井沢GC
御膳水 P.20
軽井沢ユニオン・チャーチ P.21・132
P.107 ホテル鹿島ノ森
日本基督教団 軽井沢教会 P.132
P.105 万平ホテル
※2024年夏(予定)まで休業中
町営
旧軽井沢
トリックアートミュージアム軽井沢 P.34
サイクルメイトQ 旧軽本店
P.34 レストラン＆カフェ キッツビュール
ル・レガラン P.35
P.31 coriss
わかどり 軽井沢 P.81
アートホテルフォロン軽井沢
Schokoladenburg 軽井沢チョコレート館 P.93
長野県 軽井沢町
P.92 tarte K
矢ヶ崎川
P.79 ビストロ ポモドーロ
中部電力前
デリカテッセン キッツビュール P.97
万平通り P.21
P.103 旧軽井沢KIKYOキュリオ・コレクションbyヒルトン
軽井沢本通り P.16
ささやきの小径 P.21
雲場池 P.20
P.91 ア・ターブル
P.77 エンボカ軽井沢
P.21 外国人墓地
脇田美術館 P.34
旧軽井沢 ホテル 音羽ノ森 P.107
離山通り
P.79 トラットリア プリモ
カルテット ブルーイング P.34
Coruri KARUIZAWA P.25
P.34 ロティスリー ピレネー
六本辻・雲場池
軽井沢ニューアートミュージアム P.24
P.33 カフェ ラフィーネ
リストランテ ピエトリーノ P.77
ふふ 旧軽井沢 -静養の森- P.101
カフェテラス ミハエル P.33
新道
TWIN-LINE HOTEL KARUIZAWA JAPAN P.105
カフェ来美 P.87
ホテルマロウド軽井沢 P.107
野沢原
オーベルジュ・ド・プリマヴェーラ P.73・75
東雲
軽井沢観光案内所(軽井沢駅内) P.17
P.83 natural Cafeina
東部小学校
CAFE&DINING FERMATA P.17
P.25 アトリエ・ド・フロマージュ 軽井沢ピッツェリア
おぎのや 軽井沢駅売店 P.17
軽井沢東部小
P.97 アトリエ・ド・フロマージュ 軽井沢店
名産品店 プリムローズ P.17
軽井沢安東美術館
ストーブカフェ オキザリス P.34
P.17 サイクルメイトQ 新軽店
矢ヶ崎公園 P.21・90
HARIO CAFE 軽井沢安東美術館店 P.21
P.77 GELATERIA Gina
P.17 レンタサイクル市村輪店
軽井沢大賀ホール
P.90 軽井沢ベジビエ
P.17 サイクルメイトQ 駅前店
軽井沢駅前局
町営新軽井沢駐車場 P.131
ホテルサイプレス軽井沢 P.107
ホテルグランヴェール旧軽井沢
町営矢ヶ崎公園駐車場 P.131
P.98 デリシア 軽井沢店
新軽井沢
大衆食堂 フレスガッセ P.81
18
駅入口
横川へ
P.17 地産サイクル
東部小学校入口
P.131 町営軽井沢駅北口西側駐車場
旦念亭 P.33
軽井沢駅
軽井沢プリンスボウル
しなの鉄道軽井沢駅 P.17
43
安中榛名へ
軽井沢・プリンスショッピングプラザ P.40

A
B
146
↑ハルニレテラスへ
中軽井沢
中部小入口
軽井沢観光案内所(くつかけテラス内)
中軽井沢駅
軽井沢町役場
旧近衛文麿別荘(市村記念館) P.70
古宿東
発地入口
中軽井沢駅
町役場病院前
軽井沢町歴史民俗資料館 P.70
中学校前
軽井沢現代美術館 P.65
泉の里
湯川
157
古宿公民館
図書館前
離山
高校前
軽井沢高
小諸へ
18
ゆうすげ温泉旅館 P.69
軽井沢中学前
軽井沢署
中部小学校
湯川ふるさと公園 P.91
離山
南ヶ丘入
しなの鉄道
P.91 じねんや 軽井沢バイパス店
軽井沢インドアテニスコート
1
信濃追分駅へ
熊ヶ沢川
NONE cafe 軽井沢 P.53
ル・ボン・ヴィボン軽井沢 P.75
北陸新幹線
無彩庵 池田 P.72
軽井沢署
ツルヤ 軽井沢店 P.98
P.52 森のカフェ 軽井沢南ヶ丘
ファミリーロッジ旅籠屋・軽井沢店
エルミタージュ・ドゥ・タムラ P.72・73
鳥井原
鳥井原東
P.52 離山房
軽井沢マリオットホテル P.103・105
P.51 中央工学校 南ヶ丘倶楽部 南ヶ丘美術館「三五荘」
P.92 RK DONUTS
軽井沢ホテル パイプのけむり
CAFE B P.83・89
佐久平駅へ
鳥井原西
塩沢
ベルリネッタ軽井沢
P.107 ゆとりろ軽井沢ホテル
レストラン メリ・メロ P.55
P.50 軽井沢千住博美術館
ホテル・プティ・リヴィエール軽井沢
熊野神社
軽井沢ガラスギャラリー アームス P.55
中軽井沢CC
P.50 ブランジェ浅野屋 軽井沢千住博美術館店
18
釜の橋
P.81 カシェット
リゾートビラ塩沢山荘
軽井沢ガラス工房 P.51
深沢紅子 野の花美術館
P.46 軽井沢タリアセン
湯川
塩沢湖
P.101 ふふ 軽井沢 -陽光の風-
軽井沢日本料理 大嶋 P.87
杉瓜入口
ペイネ美術館
有島武郎別荘「浄月庵」
十割さらしな蕎麦 志な乃 P.84
P.51 ル ヴァン美術館
軽井沢高原文庫
軽井沢バイパス
P.48 ムーゼの森
軽井沢絵本の森美術館 P.48
P.49 エルツおもちゃ博物館・軽井沢
P.49 カフェ「ルーエ」
Forest Cosmos P.55
風越団地
風越公園アイスアリーナ
2
←佐久へ
ホテル バーモラル軽井沢
157
風越公園
157
長野県 軽井沢町
風越公園前
軽井沢上野美術館
軽井沢町植物園 P.54
SHERIDAN P.83
小倉の里
霧下織工房 P.55
P.55・98 軽井沢発地市庭
軽井沢72ゴルフ北コース
南保育園前
沢屋ジャムファクトリー P.97
下発地入口
P.53 ティーサロン軽井沢の芽衣
密蔵院
下発地
P.86 御厨 MIKURIYA
発地川
P.55 白ほたる豆腐&カフェ
三井の森軽井沢CC
発地橋
3
上発地
P.55 軽井沢NAGAYA
P.106 ルゼ・ヴィラ
ジェネラス軽井沢
P.53 ふりこ茶房
馬取
P.54 軽井沢レイクガーデン
オーソルベール軽井沢倶楽部
八風湖
A
B

南軽井沢
0
800m
N
旧軽ロータリーへ
横川へ
東部学校前
野沢原
新道
133
ホテルマロウド軽井沢 P.107
ホテルサイプレス軽井沢 P.107
小さな美術館軽井沢草花館
矢ケ崎公園 P.21・90
新軽井沢
新軽井沢
新軽井沢西
駅入口
18
碓氷峠
部小学校入口
軽井沢駅
軽井沢駅
アパホテル〈軽井沢駅前〉軽井沢荘
丸山珈琲 軽井沢本店 P.55
軽井沢プリンスボウル
軽井沢・プリンスショッピングプラザ P.40
中尾山
1
矢ケ崎峠
P.101 軽井沢プリンスホテル イースト
センターモール
フェイラー ファクトリー アウトレット P.42
ミカド珈琲 P.42
軽井沢プリンスホテルスキー場
ショッピングプラザ前
軽井沢プリンスホテルウエスト
晴山G
軽井沢プリンスホテル ウエスト
ウエスト
ジローモンド P.43
軽井沢プリンスホテルGC
ニューウエスト
信州そば処 きりさと P.85
43
サマンサタバサ ネクストページ P.42
矢ケ崎山
旬粋カレー工房／SANCH P.43
入山峠入口
軽井沢ファーマーズギフト P.45
横川へ
軽井沢GC
イースト
サンライズテニスコート
らーめん 福栄 P.43
碓氷バイパス
ザ・プリンス軽井沢
ニューイースト
CA4LA P.43
ホテルインディゴ軽井沢 P.104
ツリーモール
成沢
ドッグデプト＋カフェ P.42
PAGES P.43
アートホテル ドッグレッグ軽井沢
チサンイン軽井沢
軽井沢 味の街
御曹司 きよやす庵 軽井沢店 P.44
南軽井沢
門前洋食 藤屋 P.44
2
中国料理 月季花 P.44
フードコート
軽井沢フラットブレッズ P.90
入山峠
スーベニアコート
石臼挽き蕎麦 東間 P.84
沢屋 P.45
柳橋
軽井沢 旬粋 P.45
軽井沢りぞーとまーけっと P.45
味蔵 P.45
南軽井沢
18
群馬県
安中市
軽井沢72ゴルフ
軽井沢72ゴルフ東コース
軽井沢72ゴルフ西コース
軽井沢72ゴルフ南コース
馬越
43
押立茶房 P.55
92
押立山下
3
治安のいしずえ前
馬越GC
メリーハウス
井沢
藤岡JCTへ
ニュータウン
口
軽井沢浅間プリンスホテル
下仁田町
愛宕山
上信越自動車道
軽井沢浅間GC
碓氷軽井沢
押立山
43
和美峠
国道254号へ
C
D

1000m林道
P.85 追分そば茶屋
追分宿郷土館 P.115
浅間神社
芭蕉の句碑
軽井沢西部小
西部小学校前
追分
借宿
三ツ石公民館
小諸へ
三ツ石
P.73 レストラン スイヤルド
P.115 布来籠工房ままごと屋。
古書追分コロニー P.117
高札場
諏訪神社
追分昇進橋
RK GARDEN P.118
蕎麦処 ささくら P.85
平岡篤頼文庫
泉洞寺 P.114
追分公民館
中山道
P.114 シャーロックホームズ像
堀辰雄文学記念館 P.115
P.114 追分の分去れ
追分宿
信濃追分文化磁場油や P.116
追分入口
浅間サンライン入口
追分喫茶室 crossroad・café P.116
ギャラリー沙庭 P.116
信濃追分駅
エクシブ軽井沢パセオ
ベーカリー & カフェテリア 一歩 P.119
プライベートリゾート エクシブ軽井沢
軽井沢町
しなの鉄道
北陸新幹線
お茶処山野草
信濃追分周辺拡大図
0
500m
N
L'Auberge du Gourmand P.118
御影用水温水路
佐久平 スマートIC へ
小諸駅へ
佐久平駅へ
Villa Metsä KARUIZAWA
カーロ・フォレスタ軽井沢ジャルディーノ
P.95 Sioru bakery
御代田町
信濃追分周辺拡大図
P.85 追分そば茶家
追分宿郷土館 P.115
浅間神社
借宿西
遠近宮
三ツ石公民館
西部小学校前
追分
P.115 堀辰雄文学記念館
追分昇進橋
中山道
浅間サンライン
P.114 泉洞寺
追分公民館
P.114 追分の分去れ
追分入口
信濃追分文化磁場油や P.116
軽井沢追
浅間サンライン入口
信濃追分駅
信濃追分
佐久平駅
小諸駅へ
小諸へ
A
B
1
2
3
18
80
136
137

中軽井沢〜信濃追分
0
500m
N
千ヶ滝へ
北軽井沢へ
山の手入口
P.70 千ヶ滝せせらぎの道
千ヶ滝入口
146
P.61・91 CERCLE wine & deli Karuizawa
P.59・91 イル・ソーニョ
P.59 ベーカリー&レストラン 沢村
P.59・91 丸山珈琲
P.59・91 希須林
P.60 ギャラリー樹環
P.60 我蘭憧
P.60 NATUR terrace
P.60 TEAM7 軽井沢
P.61 和泉屋 傳兵衛
P.61 Karuizawa Vegetable ココペリ
P.61 HARVEST NAGAI FARM
山寿恵留・INN
西武軽井沢営業所
P.107 ドーミー倶楽部 軽井沢
P.63 カフェ・ヤマアラシ
P.65 セゾン現代美術館
千光稲荷神社
千ヶ滝温泉入口
P.107 アートホテル ヴィラ11
SHISHI-IWA HOUSE
湯川
軽井沢千ヶ滝温泉
塩壺温泉ホテル P.69
P.69 立ち寄りの湯 軽井沢千ヶ滝温泉
塩壺上
P.66 軽井沢野鳥の森
カフェ ハングリースポット P.68
村民食堂 P.86
星野温泉 トンボの湯 P.68
千ヶ滝南
星野温泉トンボの湯
ピッキオ P.66
千ヶ滝別荘管理事務所前
湯川の散歩道
ハルニレテラス P.58・91
P.102 星野リゾート 軽井沢ホテルブレストンコート
P.64 田崎美術館
P.93 ホテルラウンジ
星のや軽井沢 P.100
P.75 ブレストンコート ユカワタン
軽井沢高原教会 P.64・65・132
上の原
星野リゾート BEB5軽井沢 P.106
いこい山荘
湯川
1000m林道
文化会館前
バターサンドラボ 軽井沢 P.92
富ヶ丘
かぎもとや 中軽井沢本店 P.70
P.70 ブランチカフェ ラパン
ア・ラ・ガール P.70
P.70 haluta bageri
和 P.70
P.89 JA直売所みどりのひろば軽井沢
長倉公園
P.65 軽井沢現代美術館
P.76 MODESTO
くつかけステイ中軽井沢
中軽井沢駅
軽井沢町役場
軽井沢病院
P.70 くつかけダイニング
富ヶ丘入口
中部小入口
18
町役場病院前
P.63 Coffee House Shaker
中部小入口
中軽井沢
pâtisserie Sadaharu
AOKI paris アトリエ軽井沢 P.62
中山道
上ノ原
発地入口
古宿東
中軽井沢駅
P.70 軽井沢町歴史民俗資料館
中学校前
図書館前
P.89 軽井沢サラダふぁーむ
P.63 軽井沢焙煎所
町営中軽井沢駅前駐車場 P.131
ゆうすげ温泉旅館 P.69
古宿公民館
Café Sucré innocent coffee
軽井沢中学前
借宿東
中部小学校
旧近衛文麿別荘(市村記念館)
離山
軽井沢観光案内所(くつかけテラス内)
P.70
軽井沢駅へ
しなの鉄道
P.78 Ristorante A'dagio
北陸新幹線
軽井沢マリオットホテル P.103・105
ル・ボン・ヴィボン 軽井沢 P.75
P.91 湯川ふるさと公園
P.72 無彩庵 池田
157
P.72・73 エルミタージュ・ドゥ・タムラ
ファミリーロッジ旅籠屋 軽井沢店
軽井沢署
鳥井原
ツルヤ 軽井沢店 P.98
離山房 P.52
鳥井原東
ゆとりろ軽井沢ホテル P.107
熊ヶ沢川
軽井沢バイパス
軽井沢千住博美術館 P.50
鳥井原西
リブマックスリゾート軽井沢フォレスト
軽井沢ホテル パイプのけむり
横川へ
塩沢
C
D
1
2
3

INDEX さくいん

観光みどころ　寺院　プレイスポット　レストラン・食事処　カフェ・喫茶　みやげ店・ショップ　宿泊施設　温泉・立ち寄り湯

ココミル cocomiru

軽井沢

中部②

2023年6月15日初版印刷
2023年7月1日初版発行

編集人：福本由美香
発行人：盛崎宏行
発行所：JTBパブリッシング
〒135-8165
東京都江東区豊洲5-6-36 豊洲プライムスクエア11階

編集・制作：情報メディア編集部
編集デスク：宮澤珠里
取材・編集：K&Bパブリッシャーズ／
I&M（岩下宗利、西澤典子、山上えり）／間貞麿／
エイジャ（小野正恵／新間健介／佐藤未来／白江ちなみ）／
ウランティア（梅澤眞己枝／永田晶子／鈴木遥賀）

アートディレクション：APRIL FOOL Inc.
表紙デザイン：APRIL FOOL Inc.
本文デザイン：APRIL FOOL Inc.
K&Bパブリッシャーズ／和泉真帆
イラスト：平澤まりこ
撮影・写真：I&M（岩下宗利、宇都理恵）／西村光司／
戸井田夏子／山崎亜沙子／加藤義明／茂木良子／山田真哉／
永井圭／樋口一成／関係各市町村観光課・観光協会・施設／
PIXTA
地図：ゼンリン／千秋社／ジェイ・マップ
組版・印刷所：凸版印刷

編集内容や、商品の乱丁・落丁の
お問合せはこちら

JTB パブリッシング お問合せ

https://jtbpublishing.co.jp/
contact/service/

本書に掲載した地図は以下を使用しています。
測量法に基づく国土地理院長承認（使用）R2JHs293-097号、R2JHs294-047号

●本書掲載のデータは2023年4月末日現在のものです。発行後に、料金、営業時間、定休日、メニュー等の営業内容が変更になることや、臨時休業等で利用できない場合があります。また、各種データを含めた掲載内容の正確性には万全を期しておりますが、お出かけの際には電話等で事前に確認・予約されることをお勧めいたします。なお、本書に掲載された内容による損害賠償等は、弊社では保障いたしかねますので、予めご了承くださいますようお願いいたします。●本書掲載の商品は一例です。売り切れや変更の場合もありますので、ご了承ください。●本書掲載の料金は消費税込みの料金ですが、変更されることがありますので、ご利用の際はご注意ください。入園料などで特記のないものは大人料金です。●定休日は、年末年始・お盆休み・ゴールデンウィークを省略しています。●本書掲載の利用時間は、特記以外原則として開店（館）～閉店（館）です。オーダーストップや入店（館）時間は通常閉店（館）時刻の30分～1時間前ですのでご注意ください。●本書掲載の交通表記における所要時間はあくまでも目安ですのでご注意ください。●本書掲載の宿泊料金は、原則としてシングル・ツインは1室あたりの室料です。1泊2食、1泊朝食、素泊に関しては、1室2名で宿泊した場合の1名料金です。料金は消費税、サービス料込みで掲載しています。季節や人数によって変動しますので、お気をつけください。●本誌掲載の温泉の泉質・効能等は、各施設からの回答をもとに原稿を作成しています。

本書の取材・執筆にあたり、
ご協力いただきました関係各位に厚くお礼申し上げます。

おでかけ情報満載 https://rurubu.jp/andmore/

233220 280092
ISBN978-4-533-15482-9 C2026

2307